SANIDAD INTERIOR
SU PLAN… MI VIDA

Por Rony E. Joseph

© Primera Edición 2019

Xulon Press
2301 Lucien Way #415
Maitland, FL 32751
407.339.4217
www.xulonpress.com

© 2019 Por Rony E. Joseph
© Publicaciones Libertad:
2019 Primera Edición, Boston, USA
publicacioneslibertad.rd@gmail.com
infolibreria.do@gmail.com
República Dominicana

Todos los derechos reservados exclusivamente por el autor. El autor garantiza que todos los contenidos son originales y no infringen los derechos legales de cualquier otra persona o trabajo. Ninguna parte de este libro puede ser reproducida en cualquier forma sin el permiso del autor. Las opiniones expresadas en este libro no son necesariamente las del editor.

A menos que se muestre lo contrario, todas las citas bíblicas fueron tomadas de la versión Reina Valera 1960, Biblia de Las Américas, Nueva Versión Internacional y varios comentarios de análisis e investigación narrados fueron sacados del Web Site.

Ministro Rony E. Joseph Escritor y Conferencista Internacional

Colaboración especial Alexis Angulo y Yesenia Avila de Anguo

Contactos:
Email: ronyjoseph623@gmail.com
Teléfonos: + 1-978-876-4406
Categoría: Ética de vida cristiana y Motivacional

Impresco en los Estados Unidos de América.

ISBN-13: 9781545681343

Contenido

Dedicatoria.. 5

Agradecimientos... 7

Prólogo.. 9

Preámbulo... 13

Capítulos

1. El camino que me ha tocado andar................ 15
2. El comienzo de una nueva vida..................... 35
3. Las huellas que debemos dejar...................... 47
4. La ofrenda para Dios..................................... 61
5. La simplicidad de la Cruz............................. 71
6. El olor de tu ofrenda..................................... 81
7. Un pescador escucha su voz.......................... 91

DEDICATORIA

Tengo que empezar por la mujer que me cargó en su vientre por 9 meses. Aunque no pudo criarme por circunstancias fuera de su alcance, ella es mi madre, Gloria "La Colorada" Ortiz.

A mis hermanos, que estuvieron ahí conmigo por muchos años y vieron como la vida nos trató, Janick Joseph y Robert Joseph. A mis otros hermanos, que siempre van a ser mi sangre, pase lo que pase. Anita Joseph, Raymond Joseph, Nelson Ortiz.

A mis hijas, que sufrieron por la falta de Dios en mi vida, a las cuales les pido perdón porque no supe darles amor y entendimiento, estas son Precious Joseph, Jayda Joseph, Mya Joseph. A mis dos hijas, que no pude estar con ellas, siempre las llevo conmigo, Ariuna Jones y Emily Porras.

A mi padre Raymond Joseph, mi héroe por mucho tiempo, sé que no conoció la verdad en Dios, por eso lo perdoné hace mucho tiempo... Con todo mi corazón a ustedes dedico esta obra literaria.

Agradecimientos

Este libro salió de lo más profundo de mi ser, y tengo que agradecerle al Espíritu Santo, por guiarme en medio de este mundo desde el primer momento que me habló, cuando me decía: "Esta noche no morirás", desde esa noche mi vida cambió por completo.

A mi Pastor Juan Nuñez, por sus oraciones y paciencia, a mi Pastora Liris Nuñez por la Palabra profética que me soltó cuando regresé a la iglesia, estas palabras jamás las olvidaré: "Mi hijo, ahora vas a caminar en el nombre de Jesus".

A mi hermano Máximo Paulino, por ser el instrumento que Dios usó para traerme al Reino de Dios.

Estas dos personas son especiales para mí de una manera maravillosa: Ambiorix Marte y Weylin Vidal, ellos me inspiran cada día que veo como caminan en el Reino, bendigo sus vidas.

Agradezco profundamente a cada persona que es parte de mi vida en estos momentos, muchos seres humanos que son especiales, que Dios ha traído a mi vida, porque oran y velan por mi bienestar, a todos ustedes les agradezco inmensamente por sus valiosos aportes a mi vida.

Prólogo

La existencia de un individuo está marcada por la personalidad del mismo, y esta se forma por la percepción de los estímulos diarios desde antes del nacimiento, (en la vida intrauterina) y la forma como reacciona a estos estímulos. Claro está, que todo esto estará influenciado por la vida emocional e intelectual de los encargados de su crianza; y luego de la propia.

La familia es la primera institución con la que el niño tiene contacto, donde se forja la personalidad, por eso se ha enseñado la frase: "Cual es el niño, son los padres". Hoy día hay una triste realidad, es que hay millones de niños que están siendo criados por un solo padre, o mejor dicho, madre soltera; o en otro caso, tiene un padre que no cumple con su rol de: maestro, mentor, protector, proveedor, guía amoroso, etc.

Estudios realizados sobre los elementos que más influyen en la formación y en el compartimiento de los hijos, revelan que la familia sigue ocupando el primer lugar, seguido muy de cerca por la escuela, los compañeros, el vecindario y la iglesia. La razón por la cual la familia y la iglesia deben trabajar unísonas en la educación y entrenamiento de los hijos, es porque a mayor cantidad de estos elementos, conjuntamente mayor será la efectividad de su enseñanza.

Cuando la familia está enferma, tiende a dejarle a la iglesia la formación de los más pequeños; y esto es un claro error, porque los compañeros, el vecindario y la escuela moderna le están enseñando valores distorsionados, y el resultado será un inadaptado social (delincuente). Pero, si, por el contrario, la familia está sana, y la iglesia tiene alcance social dedicándose a la educación secular, tres elementos se unirán y el resultado será un ciudadano ejemplar y un cristiano comprometido.

¿Por qué es tan importante restaurar el papel de la familia? Porque la sociedad se compone de familias; porque la iglesia está integrada por familias; porque la visión en su mayor expresión tiene que ver con la familia; y porque en la familia es que se expresan los valores permanentes.

¿Qué se aprende en la familia? El lenguaje y los gestos simbólicos. Un Famoso poeta decía: "A mis padres yo les hablo con su voz", lo que traduce, que la forma en que hablamos a nuestros padres, dependerá de como ellos nos hayan enseñando con su ejemplo. Muchos de nuestros gestos y manera los aprendimos en la familia a muy temprana edad.

Con los padres se aprende la gratificación, esto va a estar determinado por el tiempo que le dediquemos a nuestros seres queridos, a la demostración de afecto y cariño (…) ¿Qué ejemplos ven ellos en los padres? Nos alabamos y recompensamos el uno al otro cuando se hace algo bueno, o solo nos encargamos de decir lo primero que viene a la mente cuando las cosas no salen como esperábamos. De allí salen la baja autoridad, el rechazo, las heridas, y en última instancia, la impotencia y frigidez, tan comunes en los matrimonios de la época.

Con los padres se aprende a ser organizado o no, tanto en tiempo como en espacio, si usted ve una persona organizada, va a encontrar que en la mayoría lo aprendió en la casa paterna. Se aprende además a tener expectativas económicas y de empleo, se aprende dándole responsabilidad desde pequeños a ahorrar; me gusta ver los padres que enseñan a sus hijos a llevar sus ofrendas al altar, porque cuando crezcan siempre lo harán.

Si la familia encabezada por los padres es un centro de entrenamiento que nos capacita para vivir, pero la mayoría de nosotros no hemos sido adiestrados para asumir ese rol; si la familia está determinada en el estado de la sociedad, la iglesia, la nación y el mundo. Es nuestro deber conocer por lo menos algunos elementos básicos para aprender a vivir en familia.

Rony E. Joseph es mi hijo en la fe, quien con este testimonio expuesto en este interesantísimo libro, quiere hacer un aporte de fe para aquellos que piensan que su existencia en esta vida ha sido un accidente, en esta obra quiere comunicarte, que hay procesos en algunas personas que, cuales vientos tempestuosos azotan su barca (vida), para hacerla zozobrar, pero el Maestro te sale al encuentro para darle sentido y dirección a tu vida; y cumplirá su propósito en ti, Dios lo ha hecho en la vida del autor, y he aquí su testimonio plasmado.

Obispo Juan Núñez Presidente del Centro Cristiano Camino a la Salvación.

Preámbulo

Dios tiene un maravilloso plan para sus hijos y ese plan nadie lo puede estorbar… Formará Jehová en tu vida un carácter fundamentado en Él, con el fin de sacar de ti la gloria que llevas dentro, porque Dios está más interesado en tu carácter que en tu carisma, no son los dones, es tu madurez, es lo que tú llevas dentro lo que a Él le interesa. Prepárate para que te exprima y saquen de ti la esencia que llevas dentro… Dios quiere hacerte resplandecer:

> "Levántate, resplandece; porque ha venido tu luz, y la gloria de Jehová ha nacido sobre ti. Porque he aquí que tinieblas cubrirán la tierra, y oscuridad las naciones; mas sobre ti amanecerá Jehová, y sobre ti será vista su gloria. Y andarán las naciones a tu luz, y los reyes al resplandor de tu nacimiento". Isaias 60:1-3.

El plan de Dios es mostrar a toda creación su justicia, y que en Él no hay injusticia. Mientras que el plan macabro y siniestro del enemigo (Satanás y sus demonios) es perturbar ese maravilloso plan que con nosotros Dios tiene, y desde el mismo seno familiar ataca para distorsionar el plan del Eterno en la vida de sus escogidos.

Cuando el querubín llamado Lucifer (Satanás) se volvió contra Dios, el Señor hubiera podido en ese mismo instante (o ya antes de eso) destruirlo, y de esa manera reinar como un dictador, pero la fidelidad de las criaturas de Dios tiene que estar fundada en la seguridad que Él es justo. Los habitantes del Cielo no podian entender las consecuencias del pecado; y aun no hubieran podido ver la justicia y la gracia de Dios en la destrucción de Satanás. Si se le hubiera destruido inmediatamente, ellos hubieran servido a Dios por temor antes que por amor. El plan de Dios es dejar que Satanás realice completamente sus maquinaciones, para que todo ser creado pueda ver las acusaciones de él a la luz correcta.

En mi vida sucedieron muchas cosas, que mientras me acontecían, quizás el enemigo festejaba su victoria viendo las tragedias y desgracias que me golpeaban, pero olvidaba que yo estaba en el perfecto plan del Altísimo, y eso me hace más que un vencedor, por medio de aquel que me amó y me llamó a su fila en el servicio. La rebeldía de Satanás tenía que probar al universo las consecuencias horrorosas del pecado, y qué justas son esas consecuencias. En esta batalla Dios nos permite a los hombres también elegir su lado.

Este libro ha sido inspirado en mí por el Espiritu Santo, cuento mi historia, revelo en él como el plan de Dios me ha sostenido en pie. Todo lo que viví hoy lo narro a manera de experiencias, para decirles a cuantos puedan leer estos escritos que Dios lo puede hacer, Él puede convertir tu lamento en baile, Él y solo Él puede restaurar lo que pasó:

> Aquello que fue, ya es; y lo que ha de ser, fue ya; y Dios restaura lo que pasó. Eclesiastés 3:15.

El Autor

EL CAMINO
QUE ME HA TOCADO ANDAR

Comienzo preguntando, ¿A cuántas personas, al igual que a mi les ha tocado un duro y difícil camino de andar?, creo que a muchos, esta vida pareciera no traernos cosas buenas, pues estamos cosechando de ella los sinsabores que nos sembraron.

A distancia, puedo ver las sombras de mi pasado persiguiéndome en medio de mi desierto, entiendo ahora, que desde el principio como que fui destinado a sufrir, por si no lo sabes, naciste al igual que yo pecador, y pienso en el momento que Dios comenzó a tener la idea de crear mi propósito dentro del vientre de mi madre, pero este camino que decidí tomar por mi propia cuenta, me llevó en una dirección errónea, sin conocer el mundo de mi Creador, y es que muy bien lo dicen las Escrituras:

> Hay camino que al hombre le parece derecho; pero su fin es camino de muerte. Proverbios 14:12.

En esos caminos andaba yo, ya que desde la matríz de mi madre me descarrié, como bien dicen las Escrituras:

> Se apartaron los impíos desde la matriz; se descarriaron hablando mentira desde que nacieron. Veneno tienen como veneno de serpiente; son como el áspid sordo que cierra su oído, que no oye la voz de los que encantan, por más hábil que el encantador sea. Salmos 58:3-5.

Yo tomé mi propio camino, y les cuento, que caminar con mi lámpara apagada me produjo muchos tropiezos, entonces ¿Cómo camino de aquí en adelante sin Su Presencia?, (hablo después que Dios se me reveló) ¿Cómo camino sin tener como defenderme?, es ahí cuando pensando en ello, es que entran en mis recuerdos, en mi memoria, fotos de mis padres (Raymond y Gloria)... Mi confusión venía al escucharlos decirse el uno al otro, palabras hirientes, que siempre la que terminaba herida, lastimada y muy golpeada emocionalmente era mi madre, pues ella era quien terminaba llorando.

Estas son las escenas que sobre muchos se repite constantemente, son muchas las personas que tienen recuerdos no muy agradables de su seno familiar, triste y lamentablemente es allí donde el enemigo viene forjando a los hombres y mujeres sin valores, es allí donde lo va induciendo por un camino de muerte, un camino de insatisfacción.

Ya que los niños como esponja, absorben todo lo que a su alrededor se suscita, lo vienen haciendo parte de su vida. Si un niño ve a su padre gritarle y maldecir a su mamá ¿No cree usted que esto mismo será lo que hará? Dice la Palabra que lo que se siembra, es lo que se cosechará, y sembrar estas cosas en los niños, es para segar más adelante no muy buenos frutos. Es allí donde empiezan a formarse los antisociales, las personas dañinas a la sociedad, es allí en ese seno llamado familia donde se forjan los buenos o malos conciudadanos.

Soy sincero, un niño no entiende el mundo donde está, pienso ahora sobre las razones y el por qué estuve expuesto al llanto, ya que por mucho tiempo lloraba sin tener razón, algo increíble, las lágrimas se habían apoderado de mis ojos, como si fuese una catarata, yo decía: ¿Y cuándo es que todo esto va a terminar? Porque el sufrimiento de un niño no puede ser explicado en el momento que está siendo empujado fuera de un lugar donde debería haber paz, amor y comprensión, pues donde solo ves a tus dos seres que te procrearon, esos que tú pensabas que te protegerían, pero que ellos no sabían cómo hacerlo, ya que estaban peleando contra seres de otra dimensión, seres que ninguno de ellos podían ver, hablo de esos entes infernales que se filtran dentro de las familias para socavarlas, seres del mal que no quieren que los hombres y mujeres vivan en paz, que no quieren que se le abra la puerta al Creador. Por eso mantienen sobre los esposos un espíritu de contienda, para que los hijos sean llenados de odio y toda clase de mal... Que sus hijos sean marcados negativamente.

En este mundo las discusiones entre padres pueden considerarse normales, pero lo que mucha gente obvia, es que la manera en la que se manejan los cónyugues, puede afectar drásticamente la salud de los hijos, tanto física como mentalmente hablando.

¿Por qué cree usted que muchos adolescentes se van a destiempo de sus hogares? ¿Por qué los abandonan y se tiran por la vida a lo que sea? Todo por el infierno que se desata en sus hogares. Tristemente, al igual que yo, son muchos los que escogen un camino de muerte al lanzarse en sus aventuras de la vida.

Y no es que en un hogar no se discuta, siempre habrá un motivo para ello, pero por lo general, cuando dichas discusiones son cordiales, amables o afables entre padres, este tipo de discusión tendrá muy poco o ningún efecto negativo sobre los niños, pero estudios científicos han ultimado que esto cambia, cuando las peleas son más agresivas, más provocadoras y ofensivas, cuando hay gritos o incluso los progenitores se ofenden con palabras.

De allí, de esos pleitos entre padres nace la rivalidad y las peleas entre hermanos, ese mal manejo de los padres los afecta, y esto lo vemos hasta en las mismas Escrituras, ¿Por qué cree usted que Esaú deseaba matar a su hermano Jacob? Veamos lo que había deseado y dicho éste individuo:

> Y aborreció Esaú a Jacob por la bendición con que su padre le había bendecido, y dijo en su corazón: Llegarán los días del luto de mi padre, y yo mataré a mi hermano Jacob. Génesis 27:41.

¿Cómo es posible que un hermano pueda desear hacer eso para con su hermano? ¿Qué habrá pasado ahí? Nada más y nada menos que por un mal manejo de sus padres, y esto es peligroso, reitero. El mal manejo de los padres puede provocar actitudes fatales en sus hijos. Usted debería estudiar la historia completa de este suceso, para que bien me pueda entender a lo que me refiero.

A Jacob, por tales amenazas, le tocó andar por un camino difícil, fue separado de su seno familiar, por haber cometido una especie de locura, por haberse dejado guiar por su madre en algo que en el momento no era correcto, ya que con engaño se confabularon para robarse la bendición de Esaú, el hijo mayor, por esta razón fueron los pleitos entre ambos:

> Y aconteció, luego que Isaac acabó de bendecir a Jacob, y apenas había salido Jacob de delante de Isaac su padre, que Esaú su hermano volvió de cazar. E hizo él también guisados, y trajo a su padre, y le dijo: Levántese mi padre, y coma de la caza de su hijo, para que me bendiga.
>
> Entonces Isaac su padre le dijo: ¿Quién eres tú? Y él le dijo: Yo soy tu hijo, tu primogénito, Esaú. Y se estremeció Isaac grandemente, y dijo: ¿Quién es el que vino aquí, que trajo caza, y me dio, y comí de todo antes que tú vinieses? Yo le bendije, y será bendito.

Cuando Esaú oyó las palabras de su padre, clamó con una muy grande y muy amarga exclamación, y le dijo: Bendíceme también a mí, padre mío.

Y él dijo: Vino tu hermano con engaño, y tomó tu bendición.

Y Esaú respondió: Bien llamaron su nombre Jacob, pues ya me ha suplantado dos veces: se apoderó de mi primogenitura, y he aquí ahora ha tomado mi bendición. Y dijo: ¿No has guardado bendición para mí?

Isaac respondió y dijo a Esaú: He aquí yo le he puesto por señor tuyo, y le he dado por siervos a todos sus hermanos; de trigo y de vino le he provisto; ¿qué, pues, te haré a ti ahora, hijo mío? Y Esaú respondió a su padre: ¿No tienes más que una sola bendición, padre mío? Bendíceme también a mí, padre mío. Y alzó Esaú su voz, y lloró. Génesis 27:30-38.

Las consecuencias que pueden tener en los menores las discusiones que tienen los padres delante de ellos, son desbastadoras, y estas son algunas de las conclusiones, según algunos los expertos de la materia:

Afecciones

El profesor Harold, un experimentado investigador sobre el tema, concluye que una amplia selección de la investigación académica desarrollada desde la década de 1930, en torno a la psicología del niño (junto a una variedad de trabajos experimentales y de seguimiento a largo plazo), demuestra que los menores expuestos al conflicto, pueden experimentar una mayor frecuencia cardíaca y tener desequilibrios en las hormonas relacionadas con el estrés.

Todo eso puede ocurrir desde una edad tan temprana como los seis meses... También es posible que sufran retrasos en el desarrollo del cerebro, problemas de sueño, ansiedad, depresión y problemas de comportamiento.

Aquellos niños que ven peleas menos intensas, pero por un periodo continuado, también pueden desarrollar los mismos problemas. Además, las disputas las viven de forma distinta los niños y niñas.

El profesor Harold sostiene en un artículo publicado en una revista de psicología "El desarrollo del niño", que mientras los primeros suelen experimentar problemas de comportamiento, las segundas se ven más implicadas emocionalmente. El divorcio, o la decisión de los padres de tomar vidas separadas, se ha visto en muchas ocasiones como el peor escenario para los niños, pues dice el académico que esto es algo devastador para ellos.

Sin embargo, Harold sostiene junto a su colega Mervyn Murch, en la publicación "El niño y la ley familiar" que las discusiones en torno a la separación son las que más afectan a los menores, más allá de la ruptura en sí. (Tomado de BBC News- Mundo, bajo el tema: Qué efectos tienen sobre los hijos las peleas de sus padres frente a ellos)

Hay que sanar toda especie de dolor

En cuanto a mi se refiere, yo perdoné a mis padres, aunque haya vivido todo aquello, porque era necesario para yo poder ser libre, nadie que viva sumergido en la falta de perdón puede avanzar en esta vida, así que, tuve que dejar que mi dolor saliera al aire libre, y que se lo llevara Dios. A través de estas líneas escritas, viene hablándole a usted un ser humano que ha pasado por una vida donde todo estaba oscuro, me ha rodeado el valle de sombra y de muerte, les cuento que viví afligido por mucho tiempo, no es algo fácil de vivir, y no poder entender tu destino, ahora solo espero en el Señor y les digo: no fue fácil llegar aquí en donde ahora mismo estoy, en el camino que actualmente ando, porque crecí con un vacío enorme, un vacío que solo Dios puede llenar.

Y es ahí justamente donde quiero hacerte llegar, quiero que entiendas mi estimado lector y lectora, que este mundo solo puede darte lo que tu carne pide, satisfacción humana, solo puede traerte una felicidad imaginaria, ficticia, porque siempre buscarás llenarte del mundo, sin embargo, tu carne te llevará a repetir la misma rutina, y Dios ante esto nos dice:

> No améis al mundo, ni las cosas que están en el mundo. Si alguno ama al mundo, el amor del Padre no está en él. Porque todo lo que hay en el mundo, los deseos de la carne, los deseos de los ojos, y la vanagloria de la vida, no proviene del Padre, sino del mundo. Y el mundo pasa, y sus deseos; pero el que hace la voluntad de Dios permanece para siempre. 1 Juan 2:15-17.

Ahora pienso en la belleza del amor, pero les cuento que solo recibí dolor, pues entonces eso fue lo que di, y ahora que sirvo a Dios y cambié ese mal camino, ese rumbo de muerte en el que andaba, pido perdón día y noche, porque sé que hubo momentos que solo pensaba en darle a mi cuerpo lo que me pedía, me dejé llevar y enredar con las cosas del mundo. Esto era una insaciable urgencia de no vivir por mucho tiempo, le preguntaba a Dios ¿Para qué me creaste?, porque estaba cansado de llorar, y para mi sorpresa, la respuesta vino después que conocí a Cristo, pues Él me dijo: *Solo usé a tus padres como instrumento para traerte a ti a este mundo.*

Para algunos que todavía no lo saben, déjenme decirles que ciertamente Dios habla, y me habló de manera especial, de verdad que esa respuesta trajo mucha paz en medio de mi tormenta, quiero decirles que me faltaba volver a la primera vez que escuché la voz de Dios ¡me dio fuerte!, porque hasta ahora yo no podía ver claro, ¡que triste!, que con ojos abiertos, pero andamos muchas veces ciegos, caminando en este mundo, Jesús se lo dijo a sus propios discípulos, cuando no entendían cosas que a leguas debían haber entendido:

> Y entendiéndolo Jesús, les dijo: ¿Qué discutís, por qué no tenéis pan? ¿No entendéis ni comprendéis? ¿Aún tenéis endurecido vuestro corazón? ¿Teniendo ojos no veis, y teniendo oídos no oís? ¿Y no recordáis? Marcos 8:16-17.

Este hecho se suscitó porque los discípulos se habían olvidado de llevar pan, y no tenían más que un pan en la barca. Jesús les hacía esta recomendación:

"Estén atentos, cuídense de la levadura de los fariseos y de la levadura de Herodes".

Ellos discutían entre sí, porque no habían traído pan y Jesús se dio cuenta, y les dijo: "¿A qué viene esa discusión por qué no tienen pan? ¿Todavía no comprenden ni entienden? Ustedes tienen la mente enceguecida. Tienen ojos y no ven, oídos y no oyen. ¿No recuerdan cuántas canastas llenas de sobras recogieron, cuando repartí cinco panes entre cinco mil personas?". Ellos le respondieron: "Doce". "Y cuando repartí siete panes entre cuatro mil personas, ¿cuántas canastas llenas de trozos recogieron?". Ellos le respondieron: "Siete". Entonces Jesús les dijo: "¿Todavía no comprenden?".

Así nos pasa muchas veces, vemos milagros tras milagros de parte de Dios en nuestras vidas. No obstante, seguimos andando eneguecidos, ofuscados totalmente. Dios quiere que le comprendamos, por eso nos dice:

> Estad atentos, y oid mi voz; estad atentos, y oid mi dicho. Isaías 28:23.

A Jesús los hombres lo despreciaban y lo rechazaban, era un hombre lleno de dolor, acostumbrado al sufrimiento. Como a alguien que no merecía ser visto, lo despreciamos, no lo tuvimos en cuenta y sin embargo, Él estaba cargando con nuestros sufrimientos, estaba soportando nuestros propios dolores.

> Nosotros pensamos que Dios lo había herido, que lo había castigado y humillado. Pero fue traspasado a causa de nuestra rebeldía, fue atormentado a causa de nuestras maldades; el castigo que sufrió nos trajo la paz, por sus heridas alcanzamos la salud. Isaías 53:3-5 DHH.

Cada paso después de ver a mi madre por última vez, estaba lleno de confusión; por un lado, miraba lo diferente que era vivir con mi padre, un hombre que actuaba delante de nosotros como si fuese un sargento militar, como un dictador, que muy a pesar de tener un título académico, sus acciones demostraban lo contrario, por lo que, desde la mañana hasta que nos acostábamos, yo me la pasaba preguntándome: ¿Por qué será que él es así? Eran cosas que no las entendía, pero lo importante es que Dios siempre estuvo conmigo, porque otros miraban cosas en mí que yo no entendía, cosas que me hacían ser especial, aunque siempre he sido un hombre mortal y con defectos, un hombre de carne y hueso.

Me acuerdo en mi tiempo de educación, cuando me preparaba en la escuela, recuerdo que me atraían mucho los libros con ilustraciones de la Biblia, aunque nunca abrí una Biblia, me presentaba en la iglesia católica los domingos, y decía: ¿Y qué yo hago aquí, si anoche yo estaba en una fiesta llena de gente que no conocían de Dios, y no tenían ninguna inclinación a cambiar? El hecho es que, yo no entendía muchas cosas, porque vivía en un mundo falso, donde mi propio padre se dejaba usar del diablo y maltrataba la fragilidad de mi vida, les cuento que fue muy violenta mi niñez, no recuerdo haber escuchado salir de su boca nunca, la palabra: "Te Amo", suena algo corto, pero son palabras que llegan a tu espíritu.

Es por eso que caminaba con un vacío tan grande, vacío que nadie podía llenar, mi alma buscaba ser amada:

> Hazme saber, o tú a quien ama mi alma, dónde apacientas, dónde sesteas tu rebaño al mediodía; pues, ¿por qué había yo de estar como vagueando tras los rebaños de tus compañeros? Cantares 1:7. JBS.

"Entendí que ese que ama mi alma es Jesús, que el Espíritu Santo nos instruye a cómo dejarnos amar, para comprender que Cristo es abundancia... Y hace nuevas todas las cosas".

CONSUELO EN MEDIO DE LA SOLEDAD

Los años pasaban y mi soledad me abrazaba, en medio de una noche comienzo a ver sombras contemplando mi sueño, aunque no entendía, sentía que nunca estaba solo, tenía una especie de séptimo sentido que me daba una paz por dentro, en cuanto a mi caminar en medio de seres humanos que no conocían a Dios, al contrario, la mayoría de esas personas tenían sus propios dioses. Por un tiempo pensé que mi padre tenía una insaciable vida, que nada le satisfacía, fueron tiempos de pruebas duras para nosotros.

Por consiguiente, a todos estos males se les sumó uno peor, ya que llegó la separación de mi hermana mayor (Janick), aunque de verdad, pienso y creo que Dios tiene un plan para cada uno de ellos, recuerdo tener un sueño donde estábamos todos en una mesa larga, donde yo comencé a hablarles acerca de la salvación; y cómo obtenerla, fue algo insólito, me levanté dándole gracias a Jesús por darme algo así, pero les estoy hablando de casi siete años atrás, donde todavía no entendía, en ese tiempo mi predica era con esta cita bíblica:

> La mujer vio que el fruto del árbol era hermoso, y le dieron ganas de comerlo y de llegar a tener entendimiento. Así que cortó uno de los frutos y se lo comió. Luego le dio a su esposo, y él también comió. En ese momento se les abrieron los ojos, y los dos se dieron cuenta de que estaban desnudos. Entonces cosieron hojas de higuera y se cubrieron con ellas. Génesis 3:6-7 DHH.

El pecado está sembrado dentro de ti, por el tiempo que tú estás en el mundo, estás lleno de toda enfermedad, las que recibiste por medio de tus padres... Me pregunto ¿Cómo pude sobrevivir por todo ese tiempo, donde había una mentira?, experimenté con todo lo que fue puesto delante de mí, ¡Extraño!, yo era popular, hasta con la gente del bajo mundo, les puedo decir el día que recibí un golpe en mi frente con un objeto de metal de mi padre, solo sentía la sangre correr, y escuchaba a mis amigos como le decían a mi papá: ¿Qué clase de hombre hace algo así? y él decía: Es mi hijo, yo lo traje al mundo, yo lo saco cuando me dé la gana... Contar esto me causa hasta risas, porque sabemos que ningún hombre puede crear a otro ser humano, solo Dios tiene el poder de dar vida, así lo dice su Palabra:

> Reconoced que Jehová es Dios; Él nos hizo, y no nosotros a nosotros mismos; pueblo suyo somos, y ovejas de su prado. Salmos 100:3.

RECORDANDO MIS MALOS CAMINOS

Un tiempo atrás solo lloraba, cada vez que pensaba en esas largas noches oscuras; en una de ellas escuché a mi hermano Máximo, decirme: si todavía te duele hablar de lo que te ocurrió, la herida todavía está ahí... Entendí que tenía que perdonarlo, en cada situación donde su mano cruzó una línea de abuso, digo ahora, ¿Cómo un hombre que siembra odio puede cosechar amor?, no entendía mi caminar, sin sentido, cometiendo los mismos errores de mis padres, nunca pensé llegar a verme en el espejo, y ver en la reflexión a un hombre vacío, un hombre viviendo sin sentir nada, es algo muy oscuro, nada podía darme satisfacción, solo respiraba, pero no estaba vivo, era como una especie de muerto viviente.

Por mucho tiempo pensé que no había ninguna razón de vivir, siempre tomaba caminos que no me correspondían, espero que entiendas que no todo lo que está en tu vida es parte de tu vida, somos nosotros quienes agregamos a personas que Dios no tenía en nuestro camino, a veces actuamos como seres ilusos que todo lo creemos:

> El ingenuo cree todo lo que dicen, pero el prudente piensa cada paso que da. Proverbios 14:15 NVB.

Es ahora que entiendo cada paso en falso que daba, pasos que siempre terminaban en desilusión, sin regresar a los acontecimientos de mi vida, decía que Dios no podía usarme para su Reino, la oscuridad cubría mis ojos, tanto así, que yo no podía ver cuánto daño le estaba haciendo a mi familia, mis ataduras me llevaban a hacer cosas fuera de lo común, ¿Cómo podía irme de mi casa y vivir en casas de personas que en realidad solo me ayudaban para que yo estuviera en la calle?.

Recuerdo que por un tiempo regresaba a ver a mis hijas, lo hacía por un rato; y después me iba para la calle, era como si me llamaban y las dejaba sufriendo, sin pensar cuánto dolor les estaba causando, no solo a mis hijas, también su madre fue la que más sufrió, porque cuando tú amas de corazón, el dolor se intensifica, y así como llegaste a amar en un tiempo, ese amor se puede convertir en odio y rencor.

"Verdaderamente que los caminos de la vida no son cómo yo pensaba, no son como los imaginaba, no son como los soñé".

Decía que esos momentos fueron tiempos de tormentas, sabía que de ahí posiblemente vendría el precio a pagar, todo por no saber cuidar la viña que Dios me dio, si creo que me entienden. En la parábola de las semillas, Jesús da a entender los diferentes territorios donde Dios planta la semilla, cada uno tiene una alternativa en frente, pero solo el territorio fértil recibirá la Palabra y dará fruto, solo uso este ejemplo para decirte que: tú cosecharás lo que sembraste, si por un tiempo tu vida estuvo basada en la mentira, nada bueno produjiste. Nunca eso va a durar, porque vivía en dos mundos, uno lo puedo llamar familiar, y el otro era desconocido; pero les cuento que me agradaba andar alrededor de lobos, gente que solo querían destruirme por medio de sus fascinaciones malignas, por mucho tiempo pensé en la soledad de mi vida, siempre andaba con alguien, pero me sentía solo, mi mente volaba en diferentes dimensiones (puertas) estoy hablando de un mundo invisible que no conocía, pero siempre sentía la presencia maligna alrededor de mi hogar. Aunque puedo decir que también allí en su misericordia estaba el ángel de Dios guardándome. Ciertamente Dios está protegiendo a sus hijos en base a su plan:

> El ángel de Jehová acampa en derredor de los que le temen, y los defiende. Salmos 34:7.

> Aunque ande en valle de sombra de muerte, no temeré mal alguno; porque tú estarás conmigo: Tu vara y tu cayado me infundirán aliento. Salmos 23:4.

Y no era que para la fecha yo temiera a Dios, sino que ahora entiendo que yo estaba en sus planes, y por eso Él mismo era quien protegía mi vida. Para poder entender ese mundo, necesitas conectarte con tu Creador, es solo ahí donde comienzas a entender tu destino. Luché por mucho tiempo con la madre de mis hijas, por mis aventuras en el mundo, fue algo insólito, perdí a mi familia en un abrir y cerrar de ojos, pero todavía me negaba a salir de esa casa, mi prioridad eran mis hijas.

Entonces, sin entender por qué me estaba pasando todo eso, pero si comprendía los motivos de mi divorcio, pensé luego, que al venir al evangelio, mi vida cambiaría en un instante, pero estaba equivocado, fue como un huracán rugiente que me llevó al medio del mar, debía ser procesado para que mi vida entrase a un nuevo nivel.

Sin embargo, puedo decirles que ahí fue donde encontré paz dentro de mi corazón, entendía que yo fuí la causa de que mi familia se haya quedado sin su padre, son palabras que las digo y créanme que me dan fuertemente dentro de mí, ahora que miro todo más claro, pues el asunto fue que sin conocer a Dios, llevé una vida vacía, no podía ver la realidad de mi vida, me estaba hundiendo poco a poco, sin que nadie me diera una mano, hasta que alcé mis ojos a los cielos y me llegó un socorro de lo alto, hoy puedo decir sin miedo alguno:

> Alzaré mis ojos a los montes; ¿De dónde vendrá mi socorro? Mi socorro viene de Jehová, Que hizo los cielos y la tierra. No dará tu pie al resbaladero, ni se dormirá el que te guarda. Salmos 121:1-3.

"Verdaderamente que cuando tú levantas tus ojos al cielo, es que tu razón te es devuelta"

> Mas al fin del tiempo yo Nabucodonosor alcé mis ojos al cielo, y mi razón me fue devuelta; y bendije al Altísimo, y alabé y glorifiqué al que vive para siempre, cuyo dominio es sempiterno, y su reino por todas las edades. Daniel 4:34.

En ese día fue que conocí a un hermano espiritual, no me sorprende cómo Dios trabaja, me imagino que ese varón había escuchado muchas cosas feas acerca de mi persona, pero me sentía conectado con mi hermano (Máximo) estoy convencido que Dios lo envió a interceder por mi vida, aunque ya había golpeado a mi familia, no obstante, tenía la esperanza que Dios arreglaría mi situación, pero Él tenía otros planes para mi, donde la soledad tenía que ser parte de mí vida, creo que con un propósito de formación de mi nuevo carácter, escuché su voz la siguiente noche, y fue así: *Quiero que entiendas que estar solo es bueno, para que puedas conocer mi voz.*

1 Samuel 3:1-9, es la historia de cómo Dios habló al Joven Samuel, esta historia me recuerda a mi mismo, porque pensé que desde el momento que regresé a Dios, todo iba a cambiar a mi favor, mas estaba equivocado, fue al contrario, perdí por cierto tiempo mis fuerzas.

Cuando llega el dolor profundo

Salí de mi hogar sin mirar atrás, fue como si se partiera mi corazón en dos, como si comenzara a derramar sangre por todo el camino, literalmente estaba sin fuerzas, no entendía mi situación, era demasiado dolor, pensé en correr y escapar de ese dolor, pero ¿A dónde podría ir?, sentí una desolación en mi vida tremenda, al perder a mis hijas me entró una decepción de la vida, y comencé a darle la espalda al Dios que había conocido y aceptado como mi Salvador, fue por diseño del mundo de las tinieblas, porque corría a hacer la maldad, aunque mantenía la Palabra delante de mí, mas parecía que no podía dejar de acostarme con diferentes mujeres, fue un plato servido diariamente, caminé con una herida que no sabía como hacerla parar de sangrar, entonces, por más que leía, no entendía su Palabra, y no solo eso, el poder que hay detrás de cada Palabra.

Algo que también veía, era como hermanos se atacaban entre ellos mismos, esta fue la segunda vez que veía lo que no es amor en el reino, me impactó mucho, hasta un punto de salir de la iglesia por un tiempo, de vez en cuando la visitaba, pero era solo para que me vieran la ropa nueva que había comprado, porque a la final, me sentía solo y herido. Por medio de mi último trabajo, dejé este estado y me encontré encerrado, trabajando en un hotel en Lima, Ohio, fue como un reencuentro con la mentira que es el dinero, unos hablan de la abundancia, pero no hablan que tienes que ser Santo si quieres ver el rostro de Dios.

Algo que yo no entendía, que estaba tan lejos de Dios, algunos me entienden, que, aunque abres la Biblia, sin embargo, sigues alrededor de la maldad, yo me pasaba días y noches leyendo, creo que leí la mitad de su Palabra, en 6 meses, estaba obsesionado con entender las Escrituras, sin tener sabiduría, algo insólito; y fue donde tuve el desafío de dejar la mentira que yo vivía, y regresar al camino de Dios, fue una noche donde Dios trató conmigo, solo escuché: *Mira la línea en el piso, si quieres servirme, crúzala y deja todo atrás*; fue como si una fuerza me empujara al mar, y yo sin saber nadar, pero Jesús me dijo: *Sal del barco y camina conmigo*; llegué a la terminal de buses y salí en camino a Lawrence.

Dios decidió hacerme nueva persona… Pero, sigamos con el relato de mi historia más adelante, así que, pasemos al otro capítulo, se que estos testimonios te bendecirán, ya que creo que: Conviene que yo declare las señales y milagros que el Dios Altísimo ha hecho conmigo. ¡Cuán grandes son sus señales, y cuán potentes sus maravillas! Su reino, reino sempiterno, y su señorío de generación en generación.

Capítulo 2

EL COMIENZO DE UNA NUEVA VIDA

El Creador nos llama a todos a una nueva vida, dado que la vida que se lleva alejado de Él, es una vida vana, una vida insatisfactoria; por más que uno pretenda ser feliz, creo que es imposible serlo separado de Él, estas palabras dichas por Jesús no fueron en vano:

> Yo soy la vid, vosotros los pámpanos; el que permanece en mí, y yo en él, éste lleva mucho fruto; porque separados de mí nada podéis hacer. Juan 15:5.

¿Qué usted cree que puede hacer separado de Cristo? Nada, absolutamente nada. Tarde o temprano usted tendrá que reconocer esta realidad, que sin Dios su vida está vacía, su vida está seca, su vida no tiene sentido, y esto lo digo con sentido de propiedad, porque yo mismo lo experimenté, sin Dios mi vida estaba vuelta un ocho, un desastre total, es por eso que nuestro amado Padre nos dice:

> Deje el impío su camino, y el hombre inicuo sus pensamientos, y vuélvase a Jehová, el cual tendrá de él misericordia, y al Dios nuestro, el cual será amplio en perdonar. Isaías 55:7.

Después que Dios decidió hacerme una nueva persona, pasé mis procesos y estaba comenzando a ser usado en el ministerio para ayudar a otros seres humanos, pero no estaba preparado del todo, muchas cosas me hacían falta, debía esforzarme por aprender para poder ser un instrumento de honra, hay que entender, que para caminar en el Reino se debe hacer su voluntad, para mí esto era algo nuevo, aunque la Biblia ha estado aquí por mucho tiempo, sin embargo, yo no la entendía, estaba leyéndola con el fin de saber quién era Dios.

Para caminar en el reino, hay que hacer su voluntad.

Si camino con estas palabras que se revelaban a mi mente y corazón, tengo que llevarlas a partes de mi vida que quisiera olvidar, pero inexplicablemente, todavía siento las sombras de mi dolor acosándome en medio de la noche, me sentía como decía el Salmista David:

> Porque yo reconozco mis rebeliones, y mi pecado está siempre delante de mí. Salmos 51:3.

Por lo que había vivido, cómo que sentía que no había sido del todo perdonado, aun siendo una nueva criatura sentía esa sensación, es que el desastre de mi vida lo veía inmensamente grande, lo invito a que camine nueva vez conmigo a mi niñez, y que usted amado lector, pueda sentir la fuerza del abuso cuando se apodera de uno.

Recuerdo que mi padre, muy a pesar de subyugarnos como si fuese un dictador, él fue un hombre educado, estudió medicina, era mi héroe, yo miraba a mi papá con ojos inocentes, antes que comenzara ese terrible tiempo de gritar, ese es el nombre de unos de mis poemas, (porque ahora compongo y escribo poemas) lo escribí pensando en lo difícil que es hablar cuando tú sientes el abuso de un ser que uno ama, me acuerdo cuando los golpes comenzaron a encontrarse con mi cuerpecito aun pequeño, y no sabía cómo defenderme, quería correr y nunca regresar... imagínese que te encierren en un cuarto, y que empiecen a extropear tu sensibilidad, cada golpe llegó a mi espíritu, pensé que podía aguantar los golpes, traté y traté de soportarlos, pero llegaban con tanta frecuencia, que palidecí.

Mucha gente conocía a mi padre, como: "El Doctor Raymond Joseph", un hombre de gran reputación a vista de ellos, pero solo sus hijos conocíamos la clase de hombre que era ese que muchos admiraban, es como bien dice el refrán: "Era luz en la calle y oscuridad en la casa", y yo decía: Nadie sabe el dolor que yo estoy pasando, odiaba mi vida, todo eso formó una ansiedad dentro de mí, tanto así que, cuando salía no quería regresar a mi casa, la verdad es que hay muchas familias con secretos en esta vida, que los atan a seres invisibles que solo te llevan a una desilusión.

Hombres de doble moral

Creo que, si una persona conociera a Dios, jamás viviría con una doble moral, pues reconocería que Dios es un Dios imparcial.

Ahora bien, ¿Cómo podemos hallar esa imparcialidad? Buscando cada día el rostro de nuestro Dios. Nuestro amado Padre Celestial es totalmente imparcial, está libre de prejuicios, favoritismo y discriminación. Ese es Jehová Dios, el Creador de la humanidad, el que te formó a ti y me formó a mí. Ahora bien, concerniente a los seres humanos, un famoso escritor inglés dijo: "Soy, lisa y llanamente, un manojo de prejuicios formado con las cosas que me gustan y las que me desagradan".

Tratándose de imparcialidad, las relaciones humanas dejan mucho que desear. La Palabra de Dios nos habla del sabio Salomón, quien observó que:

> Todo esto he visto, y he puesto mi corazón en todo lo que debajo del sol se hace; hay tiempo en que el hombre se enseñorea del hombre para mal suyo. Eclesiastés 8:9.

Esto lo vemos desde el mismo seno familiar, los odios raciales, los conflictos nacionales y las enemistades entre familias siguen proliferando, cultivándose y motivándose desde los progenitores. Por lo tanto, ¿Es realista creer que los hombres por sí solos pueden forjar una sociedad imparcial? En ninguna manera, solo de la mano de Dios podremos ser imparciales.

Para ello, es sumamente importante dominar nuestras actitudes, y librarnos de esos prejuicios que están profundamente arraigados, se que esto supone un gran esfuerzo, pero Dios nos da la fuerza y capacidad para hacerlo, es Él quien nos pide que:

> En cuanto a la pasada manera de vivir, despojaos del viejo hombre, que está viciado conforme a los deseos engañosos, y renovaos en el espíritu de vuestra mente, y vestíos del nuevo hombre, creado según Dios en la justicia y santidad de la verdad. Efesios 4:22-24.

Yo me empecé a vestir de ese nuevo hombre, a través de las oportunidades que Dios me estaba dando para ser mejor persona en este mundo, para que sea un hombre de bien que pudiera bendecir a todos, sin que hubiera en mi parcialidad. Ya que nosotros sin saberlo, tendemos a adoptar actitudes que han sido modeladas por el ambiente social y educativo en el que crecimos y nos desenvolvemos; y que tuvieron su origen en nuestros antecedentes familiares, raciales y nacionales. Estas inclinaciones aparentemente moderadas, suelen tener mucho arraigo y fomentan actitudes que nos llevan a actuar con parcialidad, reitero… Llevándonos o empujándonos a vivir como lo hacía mi padre, con una doble moral, porque delante de nosotros sus hijos y esposa era una cosa, pero delante de la gente de afuera, era otra. Pero ¿Qué es eso de la doble moral? ¿Cómo es definida? Según el Wikipedia de la web, la doble moral es un criterio aplicado cuando a un individuo o institución se le acusa de ejercer una doble norma en el tratamiento dado a diferentes grupos de personas, es decir, que injustamente permiten más libertad de conducta a un sujeto que a otro.

La doble moral es injusta, porque viola el principio de justicia conocido como imparcialidad, el principio, según el cual, los mismos criterios se aplican a todas las personas sin parcialidad ni favoritismo. La doble moral viola este principio, pues toma en cuenta a las personas según diferentes criterios.

La Biblia nos habla que, para los tiempos finales, estaríamos arropados de este tipo de gente, lo profético advierte:

> También debes saber esto: que en los postreros días vendrán tiempos peligrosos. Porque habrá hombres amadores de sí mismos, avaros, vanagloriosos, soberbios, blasfemos, desobedientes a los padres, ingratos, impíos, sin afecto natural, implacables, calumniadores, intemperantes, crueles, aborrecedores de lo bueno, traidores, impetuosos, infatuados, amadores de los deleites más que de Dios, que tendrán apariencia de piedad, pero negarán la eficacia de ella; a éstos evita. 2 Timoteo 3:1-5.

Lea bien: que tendrán apariencia de piedad (Una doble moral) ya que negarán la eficacia de ella, de esa piedad que profesan seguir... Lamentablemente así estuvo mi padre por muchos años, atrapado en esa apariencia de piedad. Eso me llevó hasta a aborrecer la vida, y le preguntaba a Dios por qué me había traído a este mundo a sufrir y a ser maltratado. Aunque me pregunto si mi sufrimiento fue parte del plan de Dios, bien recuerdo que en una mañana, nos tocaba aprendernos las tablas de multiplicar, y nuestro padre siempre nos probaba temprano, antes de salir para la escuela, ese día nos tocó a los dos juntos, a mi hermano y a mí, y como no nos sabíamos bien la tabla de multiplicación, por eso fuimos puesto a fuego puro en nuestras manos, nos quemó dedo por dedo, mi padre comenzó a quemarnos porque no nos sabíamos las tablas de memoria, fue uno de los días más traumáticos que experimentamos.

Muchas de estas cosas que me acontecían, yo no las entendía, me preguntaba ¿Por qué nos pasó eso? ¿Es así la vida? Ahora puedo hablar de esto sin llorar, ya les dije lo que alguien me dijo un día: si te duele la herida, es porque estás sangrando todavía... Estuve por muchos años confundido y enojado, porque no pude proteger a mi hermano, fue inútil, el olor a carne quemándose es algo inconfundible, pero aquí estoy de pie en la batalla de la vida, en una nueva vida que Dios me regaló, y veo todo lo que padecí como un ejemplo para poder enseñar a otros, estoy todavía aprendiendo, y he aprendido que todo trabaja y obra para el bien de nosotros, tal como lo expresa el libro de Romanos:

> Y sabemos que a los que aman a Dios, todas las cosas les ayudan a bien, esto es, a los que conforme a su propósito son llamados. Romanos 8:28.

Propósitos definidos

Aprendí a no sentir nada, cerré mi corazón a todo, pero Dios tenía otros planes para mí, un proceso tan grande desde mi niñez, que ya no quería ni siquiera respirar, porque tenía en mi mente que la muerte era una mejor opción para mí, pues estaba triste desde que me levantaba hasta que me acostaba, eso me llevó a esconder mis sentimientos y emociones, y me empujó a que me envolviera en los placeres de este mundo para olvidar mi dolor. Un gran error, porque el mejor refugio lo es y debe ser Dios, mas esto uno lo entiende cuando tenemos propósitos bien definidos, cuando se nos ha revelado por el Espíritu lo que un día más adelante seremos.

Estas cosas se las expongo para que en usted no haya justificación, nada debe dañar su corazón, muchas personas hoy juzgan a sus padres por lo que ellos son, dado a lo que sus padres con ellos fueron, dicen que son drogadictos, ladrones, homicidas, mentirosos, etc, porque vienen de un hogar donde predominaban esas cosas, pero Dios nos está enseñando que cuando hay propósitos definidos, el medio ambiente no puede influir negativamente en nosotros.

Para entender esto, tenemos como ejemplo a José, el hijo de Jacob, la Palabra dice que sus hermanos le maltrataban y no le hablaban bien:

> Y viendo sus hermanos que su padre lo amaba más que a todos sus hermanos, le aborrecían, y no podían hablarle pacíficamente. Y soñó José un sueño, y lo contó a sus hermanos; y ellos llegaron a aborrecerle más todavía. Génesis 37:4-5.

Fíjense cómo trataban a este muchacho, le hablaban mal, lo molestaban, a tal punto que intentaron matarle, esto lo manifestaron un día al verle llegar a donde ellos estaban, ya que su padre Jacob, lo había enviado para saber de ellos, y a la vez del estado de las ovejas, mas: Cuando ellos lo vieron de lejos, antes que llegara cerca de ellos, conspiraron contra él para matarle. Y dijeron el uno al otro: He aquí viene el soñador.

Ahora pues, venid, y matémosle y echémosle en una cisterna, y diremos: Alguna mala bestia lo devoró; y veremos qué será de sus sueños. Génesis 37:18-20.

Los tantos procesos a los que fue sometido José, nos muestran las etapas de vida que padecerá una persona que tiene un propósito divino. Mas en el caso de José, vemos la prodigiosa mano de Dios obrando minuciosamente hasta llegar a formar de un esclavo un Rey.

Si usted lee completo el capítulo 37, del libro de Génesis, verá allí que José tiene dos sueños, ambos venían sobre él de parte de Dios. Sin embargo, como todos sabemos, los dos procesos más comunes de los sueños son emocionarse y contarlos; y fue precisamente lo que José hizo... Desconociendo las consecuencias de eso: Envidia, celos, incomprensión, persecución.

En el ministerio cristiano pasa igual, la primera etapa es cuando recibimos ese llamado de Dios, esas experiencias extraordinarias y corremos a contarlas... Y posiblemente nos pasa igual que a José, ni tu pastor te cree, mucho menos los que te rodean, más bien parece que se echó a perder la fiesta, desde el momento que se te ocurrió hablar de tus sueños o tu llamado.

Momentos desesperados

José vivió muchos momentos desesperados y de apuros, la historia nos cuenta que sus hermanos, movidos por la envidia, lo tomaron y lo guardaron en una cisterna, pero por temor no lo mataron, pero tenían tantas ganas de deshacerse de él, que llegaron a venderlo, y tomaron la túnica de colores, aquella de niño mimado, la túnica que su padre le había regalado, esa túnica que era muy especial para él, y la mancharon con sangre de carnero. Para luego engañar a su padre, diciendo que José había sido devorado por alguna bestia salvaje.

¿Cuántos de nosotros estamos viviendo ese momento de ser puesto a un lado, siendo ignorado hasta por nuestros líderes y cercanos familiares?, esto nos pasa simplemente porque tenemos sueños, y así es como se mancha la túnica de hijo mimado de Dios que somos, porque ya de antemano, Él nos vistió de lino fino, por eso nos pide que:

> En todo tiempo sean blancos tus vestidos, y nunca falte ungüento sobre tu cabeza. Eclesiastés 9:8.

Vestidos que el diablo quiere que tú y yo ensuciemos... Pero el ministerio es de valientes, es para gente fuerte, ¿qué crees?, ¿Qué esperas?, ¿Esperas por los aplausos y buenos tratos de los demás?, Si esperas por el llamado divino que se te ha hecho para que seas una nueva persona, ten por ciento que serás sacado del pozo de la desesperación donde algunos te metieron:

> Y me hizo sacar del pozo de la desesperación, del lodo cenagoso; Puso mis pies sobre peña, y enderezó mis pasos. Salmos 40.2.

Vendrán a tu vida consecuencias involuntarias del llamado, que desatará una cadena de hechos no tan maravillosos, pero necesarios para el proceso de Dios... Ahora, cuando preparo mi corazón para recibir palabras que enciendan mi vida, me encuentro con el camino al cielo, donde veo a su diestra al Cordero que dio su vida por un hombre sin amor, es ahí donde se me ocurre decir: nunca pensé que cada línea me llevaría a un abismo de desilusiones, al cruzarla, me miré en la reflexión de la luna, y estaba solo, por cada lágrima, cada suspiro, tu mano me sostuvo mi Jesús, hasta que el viento regresó por donde vino.

Estuve caminando con vendas en mis ojos, aunque sabía que fui creado con un propósito, inexplicablemente solo tenía que mirar al cielo; y sumergirme en su amor. Una lágrima persistente quiere conocerme, pero les digo que ya entendí mi dolor, una vida llena de incertidumbre... Cierra los ojos y despójate de tu viejo traje, simplemente respira un nuevo amanecer, donde tu destino vuelve a escribirse por las manos del alfarero...

Te aseguro que Dios te hará un nuevo hombre, una nueva mujer, y vas a ser usado poderosamente.

Capítulo 3

LAS HUELLAS QUE DEBEMOS DEJAR

No sé si has tenido la oportunidad de escuchar una hermosa canción muy emotiva y significante para el pueblo de Dios, a la verdad, muchos himnos de gloria y adoración se han constituido en una bandera en nuestros servicios de adoración y alabanzas al Creador, temas que, cuando son expuestos, la misma gloria de Dios desciende entre nosotros los adoradores, este al que aquí en particular me refiero, es maravilloso, y dice así:

Hay dos huellas en la arena,
dibujadas a tu lado,
y al caminar por la arena,
cuatro huellas van quedando.

Pero al llegar la tristeza,
el dolor tan solo queda,
dos huellas que son de Cristo,
en sus brazos hoy te lleva.

Dos huellas que son de Cristo,
en sus brazos hoy te lleva,
no estés triste ya,
porque Dios toma tu carga hoy.

No te aflijas ya,
deja todo en las manos de Él,
el Señor Jesús,
que te llevará en sus brazos, ¡Sí!,
también llevará todo todo tu sufrir.

Si te sientes solo y triste,
por momentos en la vida,
piensa en Dios que está a tu lado.

Y que de ti no se olvida,
mas si dudas un instante,
de su presencia divina,
mira sus huellas benditas,
dibujadas en la arena.

Mira sus huellas benditas,
dibujadas en la arena,
no estés triste ya,
porque Dios toma tu carga hoy.

No te aflijas ya,
deja todo en las manos de Él,
el Señor Jesús,
que te llevará en sus brazos, ¡Sí!
También llevará, todo todo tu sufrir.

El Señor Jesús,
que te llevará en sus brazos, ¡Sí!,
también llevará, todo todo tu sufrir.

Hermosa canción ¿Verdad? Pero ahora te pregunto: ¿cuáles son las huellas que tú vas dejando? Y, ¿cuáles son las huellas que tú vas siguiendo? No sigas las huellas que algunos van dejando por ahí, porque:

> Hay camino que al hombre le parece derecho; Pero su fin es camino de muerte. Proverbios 14:12.

Nadie que ande por camino de muerte puede dejar huellas dignas de seguir. No obstante, me pregunto y miro cada paso en la arena, y por primera vez veo cuando estoy a punto de cometer esos errores que me alejaban más de Dios, ya que no tenía un guía que me dijera cómo reaccionar a lo que me estaba pasando, solo podía gritarle al viento, es algo profundo mirarte en el espejo y poder ver las cicatrices aun sangrando. Mas mi vida seguía avanzando, a pesar de los procesos, a pesar de las heridas, a pesar de las caídas.

Debo seguir avanzando

El tiempo pasa y salgo de una casa para otra, ese fue un periodo de incertidumbre, cada día me levantaba sin saber dónde iba a dormir, cada vez que la noche se acercaba, mi corazón comenzaba a latir más rápido, porque sabía que mis opciones siempre me llevarían a lugares donde la muerte me perseguía, siempre decía: Dios, yo sé que tú tienes otro camino para mi… No sé, pero dentro de mi había una intriga de que mi vida iba a cambiar muy pronto, no sabía para dónde me llevaría, pero me había propuesto dejar huellas que fuesen dignas de seguir, debía seguir avanzando, quería borrar aquellas malas huellas que había dejado atrás, pero el asunto es retroceder a hacer eso, créanme que es algo casi imposible de hacer, eso de volver atrás para arreglar lo que hicimos mal es casi imposible, esto solo Dios lo puede hacer:

> Aquello que fué, ya es: y lo que ha de ser, fué ya; y Dios restaura lo que pasó. Eclesiastés 3:15.

No fue hasta que algunos de mis amigos comenzaron a ser asesinados, que Dios me movió para que yo saliera de ese lugar (Brockton). Ese lugar estaba como Carpernaum, era un lugar sumido en sombra de muerte:

> Tierra de Zabulón y tierra de Neftalí, Camino del mar, al otro lado del Jordán, Galilea de los gentiles; El pueblo asentado en tinieblas vio gran luz; Y a los asentados en región de sombra de muerte, Luz les resplandeció. Mateo 4:15-16.

Y es que el Señor es experto en ir a los lugares tenebrosos para sacarnos de allí: y dejando a Nazaret, vino y habitó en Capernaum, ciudad marítima, en la región de Zabulón y de Neftalí. Mateo 4:14.

"El valle de sombra y de muerte."

Ese territorio, esa región de Zabulón y de Neftalí, era un valle de sombra y de muerte… Desde la caída del ser humano, aun el planeta Tierra se convirtió en un territorio de sombra y de muerte; y cuando Dios enviaba a un mensajero, Dios, que es Luz, estaba alumbrando el territorio donde enviaba ese mensajero, territorio de sombra y de muerte; muerte para el alma y para el espíritu.

Porque hay muerte para el cuerpo, pero la persona sigue viviendo; aunque su cuerpo muera, sigue viviendo en el cuerpo espiritual en otra dimensión. Pero ahora, hay territorios en la Tierra que se convierten en territorios de sombra de muerte, de sombra, de oscuridad espiritual, de oscuridad para el alma y de muerte para el alma de los individuos. Como también sucede en lo físico en muchos países y muchas ciudades, muchos pueblos de la Tierra.

Lo bueno de esto es que, aunque las tinieblas estén haciendo de la suya, Dios también por su lado se anda moviendo para traer libertad a los oprimidos, eso lo vemos desde el mismo Génesis:

> Y la tierra estaba desordenada y vacía, y las tinieblas estaban sobre el haz del abismo, y el Espíritu de Dios se movía sobre el haz de las aguas. Génesis 1:2.

Allí en Brockton el Señor me encontró, Él se estaba moviendo en medio de tantas tinieblas, así cómo encontró a esos hombres pescadores, y a la vez pecadores que estaban en aquella región, en esa que estaba asentada en sombra de muerte, ese lugar caracterizado por ser zona roja, como diríamos en estos tiempos:

> Andando Jesús junto al mar de Galilea, vio a dos hermanos, Simón, llamado Pedro, y Andrés su hermano, que echaban la red en el mar; porque eran pescadores. Y les dijo: Venid en pos de mí, y os haré pescadores de hombres. Ellos entonces, dejando al instante las redes, le siguieron. Mateo 14:18-20.

Yo también dejé a un lado mis redes, esas redes que no me estaban llevando a nada bueno, las redes significan lo que uno utiliza para conseguir aquello que uno tanto anhela y desea, cosa que, siendo pecador, reitero, no lleva a nadie a realizar cosas que sean buenas, algo que pudiese dejar huellas que sean dignas de seguir.

Ya tenía una nueva vida en la Universidad, pero mi mente todavía estaba atrapada en las calles, porque seguía en una carrera de seducir a toda mujer que se ponía en frente de mi, estaba como bien dijera el apóstol Pablo, queriendo hacer el bien, pero un mal dentro de mi me mantenía en constante batalla con mi carne y conmigo mismo, me sentía atado a una ley que no me dejaba disfrutar la Gracia que Dios me estaba otorgando:

> Porque sabemos que la ley es espiritual; mas yo soy carnal, vendido al pecado. Porque lo que hago, no lo entiendo; pues no hago lo que quiero, sino lo que aborrezco, eso hago. Y si lo que no quiero, esto hago, apruebo que la ley es buena. De manera que ya no soy yo quien hace aquello, sino el pecado que mora en mí.
>
> Y yo sé que, en mí, esto es, en mi carne, no mora el bien; porque el querer el bien está en mí, pero no el hacerlo. Porque no hago el bien que quiero, sino el mal que no quiero, eso hago. Y si hago lo que no quiero, ya no lo hago yo, sino el pecado que mora en mí. Romanos 7:14-20.

Tenía una visión de ser el mejor hombre entre las sábanas que existiera, el mejor en la cama, y no entendía que nunca podría satisfacer ese sentimiento que me hacía estar con diferentes seres humanos, llamadas: "mujeres", y mantener una buena relación de amistad con esos hombres que decían ser mis amigos, y por primera vez me sentía solo, aunque rodeado de muchos que decían ser mis amistades, pero en realidad, solo fueron sombras de lo que la verdadera amistad es o debe ser, no había compasión, humildad; solo satisfacción personal, sin poder salir de ese laberinto, un día decidí abalanzarme frente del tren, ya que estaba lleno de odio y miedo. Mas dentro de mi algo me decía:

> Mira que te mando que te esfuerces y seas valiente; no temas ni desmayes, porque Jehová tu Dios estará contigo en dondequiera que vayas. Josué 1:9.

¿Cómo llego a una respuesta, cuando la pregunta se me escapa?, en este camino he escuchado palabras similares, donde Dios puede ilustrar tu destino, solamente piense en cada palabra que sale de la boca de Dios, palabras que eran contundentes a mi espíritu:

1) Proceso
2) Propósito
3) Desierto

josué fue instruido desde que Israel salió de Egipto, con un solo propósito de regresar a caminar con Dios, pero todo pueblo tiene que ser probado y machucado, ¿dónde fue que ellos recibieron sus momentos de tentación? en medio del desierto. Sin embargo, el pueblo hablaba del amor a Dios, pero cada paso que dieron fue marcado con dudas del Dios de Israel, de ese Dios que los había sacado de la esclavitud, así que, todavía pienso que sin la intervención de Moisés ¿dónde ellos estarían?

¡Qué bueno es cuando alguien interviene en tu vida como mediador!, como ente de bendición para acercarte al Dios Todopoderoso:

> Porque hay un solo Dios, y un solo mediador entre Dios y los hombres, Jesucristo hombre, el cual se dio a sí mismo en rescate por todos, de lo cual se dio testimonio a su debido tiempo. 1 Timoteo 2:5-6.

La Palabra nos dice que nos esforcemos, eso es que debemos caminar cuando no se está donde Dios a uno le prometió que nos iba a llevar, por eso te manda a ser un hombre con mucho valor, para decirle a la tormenta fuerte: Yo Soy, y te puedas salir del bote y caminar sobre las aguas... Dios te sigue aun diciendo:

1) Que Te Esfuerces 2) Que seas Valiente 3) No Desmayes 4) No estás Solo.

Armas Del Reino de Dios

¿Cómo reaccionar cuando sobreviene la sequía del alma? la reacción puede ser muy negativa, pero también puede ser saludablemente positiva. En el primer caso, se corre el peligro de abandonar la fe que se ha profesado antes, quizá durante años. Semejante decisión equivale a un suicidio espiritual. En la reacción positiva, el creyente decide perseverar en su vida cristiana, a pesar de todo (dudas, problemas de fe, experiencias torturadoras, decepciones, etc.). Y hace bien.

En cualquier momento, inesperadamente, la sequía puede cesar. Dios puede enviar en el momento oportuno una lluvia vivificadora mediante una lectura, un culto, una conversación, un acto de servicio cristiano, una meditación inspirada por el Espíritu Santo, una manifestación clara del cuidado amoroso de Dios; o simplemente haciendo desaparecer las causas, espirituales, físicas o anímicas, que habían originado el tiempo seco, nunca olvides que hemos sido llamados a combatir y no podemos hacerlo desarmados, debemos hacer uso de las armas ya provistas en el reino, con ellas podremos vencer todo lo que se oponga:

Por lo demás, hermanos míos, fortaleceos en el Señor, y en el poder de su fuerza.

Vestíos de toda la armadura de Dios, para que podáis estar firmes contra las asechanzas del diablo. Porque no tenemos lucha contra sangre y carne, sino contra principados, contra potestades, contra los gobernadores de las tinieblas de este siglo, contra huestes espirituales de maldad en las regiones celestes.

Por tanto, tomad toda la armadura de Dios, para que podáis resistir en el día malo, y habiendo acabado todo, estar firmes. Efesios 6:10-13.

La reacción positiva tiene dos manifestaciones:

1. Confianza en Dios

Pablo nos asegura que: "el que comenzó en vosotros la buena obra la perfeccionará hasta el día de Jesucristo" (Filipenses 1:6). No menos inspiradoras son las palabras de Jeremías: "Bendito el varón que confía en Jehová, porque será como el árbol plantado junto a las aguas...y no verá cuando viene el calor, sino que su hoja estará verde; y en el año de sequía no se fatigará, ni dejará de dar fruto" (…) ¡Promesa reconfortante! Difícil de creer, quizá pensarán algunos ¿Cómo es posible que se cumpla en plena aridez del espíritu? Recuerde que allí en esas arenas del desierto, hay huellas que ha dejado nuestro Señor, indicándonos que no estamos solos. Mas bien, Él nos lleva cargado en sus brazos.

Así que, debemos discernir entre nuestra apreciación subjetiva de una situación (lo que yo pienso, lo que siento) y la realidad objetiva que sólo Dios conoce de modo perfecto.

Nosotros a menudo vemos como solía Don Quijote, gigantes donde sólo hay molinos de viento. Haríamos bien en recordar el principio señalado por el apóstol: "Por fe andamos, no por vista" (2ª Corintios 5:7). Ni por sentimientos. La fe se apoya no en sensaciones, sino en la realidad de todo lo que Dios es y hace. Mi sequía no agota los depósitos de la gracia de Dios. Ni su amor. Ni su poder renovador, pues:

"Él transforma el desierto en estanques de aguas, y la tierra seca en manantiales" (Salmo 107:35).

2. Resistencia a toda costa

"Resistid al diablo y huirá de vosotros" (Santiago 4:7). En la Torre de Constanza (Francia), donde creyentes hugonotes sufrieron y murieron por su fe, todavía hoy puede leerse una palabra impresionante grabada en una piedra: "Resistez" (resistid). Y aquellos héroes de la fe resistieron, a pesar de sus sufrimientos. Deberíamos nosotros hoy ser imitadores de su entereza perseverante. Deberíamos andar siguiendo sus huellas de fe y valentía que nos dejaron. La resistencia debemos mantenerla, sin abandonar ninguna de nuestras defensas: lectura de la Biblia, oración, asistencia a los cultos, conducta cristiana, compromiso en una vida de servicio.

A la par que resistimos, haremos bien en unirnos al canto de aquel bello himno: "Tentado, no cedas; ceder es pecar. Te será fácil luchando triunfar". Y esto sin hacer demasiado caso de los periodos de sequía. Si amamos al Señor, PASARÁN. Y volverán los días en que diremos como dijo Isaías: "He aquí Dios es mi salvación; confiaré y no temeré, porque mi fortaleza y mi canción es el Señor, quien ha venido a ser mi salvación" (Isaías 12:2). Si es así, "sacaremos con gozo aguas de las fuentes.

> En fin, lo cierto es que, Dios vigila bien mis pasos: Pero ahora me cuentas los pasos, y no das tregua a mi pecado. Job 14:16.

Esto significa que Dios me corrige a tiempo para que mi andar o caminar delante de Él vaya dejando huellas de bien, huellas de bendición, por lo que ahora puedo decir:

> Conozco, oh Jehová, que el hombre no es señor de su camino, ni del hombre que camina es el ordenar sus pasos. Jeremias 10:23.

> Por Jehová son ordenados los pasos del hombre, Y él aprueba su camino. Salmos 37:23.

¡Qué mi camino y el tuyo sean aprobados por ese Dios Maravilloso!, quien nos llamó para cambiar nuestra manera de andar delante de Él.

Capítulo 4

LA OFRENDA PARA DIOS

¿Qué pagaré a Jehová Por todos sus beneficios para conmigo? Salmos 116:12.

Quizá al igual que yo te estés preguntando: ¿Habrá alguna forma o manera de pagarle a Dios por todos los beneficios que nos da? Creo que no, no hay forma alguna que paguemos por lo que en nosotros ha realizado. De hecho, la Palabra nos dice:

> Los que confían en sus bienes, Y de la muchedumbre de sus riquezas se jactan, Ninguno de ellos podrá en manera alguna redimir al hermano, Ni dar a Dios su rescate (Porque la redención de su vida es de gran precio, Y no se logrará jamás) Salmos 49:6-8.

Además, Dios nos dice: Si yo tuviera hambre, no te lo diría a ti; porque mío es el mundo y todo lo que en él hay. Salmos 50:12.

No obstante, y muy a pesar de esto, podemos hacer como David:

> Tomaré la copa de la salvación, E invocaré el nombre de Jehová. Ahora pagaré mis votos a Jehová Delante de todo su pueblo. Salmos 116:13-14.

¿De qué forma David pagó sus votos a Dios? Veamos: Pero el rey le respondió a Arauna: "Eso no puede ser. No voy a ofrecer al Señor mi Dios holocaustos que nada me cuesten. Te lo compraré todo por su precio justo". Fue así como David compró la parcela y los bueyes por cincuenta monedas de plata. 2 Samuel 24:24.

Arauna no esperaba que David llegara a su propiedad; había, sin dudas, cosas más importantes de las que preocuparse. El país estaba sufriendo hacía tres días una peste mortal que ya había matado a setenta mil hombres. ¿Por qué el rey, justo en ese momento, aparecería en su propiedad? Es posible que no lo sepas, pero en la sabiduría de Dios, tú y tu familia pueden estar en el punto central de una historia. La casa de Arauna fue el límite que Dios se había autoimpuesto para detener la matanza. El ángel de la muerte estaba con la mano levantada para destruir Jerusalén. El fin era cuestión de segundos. Naturalmente, cuando Arauna ve al rey y a sus oficiales, pregunta la razón por la que están en su propiedad.

La noticia que escucha lo alivia: David viene para ofrecer sacrificios. Ante la grata noticia, Arauna ofrece todo lo bueno que tiene. Escoge lo mejor de su propiedad, para que el rey pudiera realizar su sacrificio. David no acepta la oferta: "No puedo ofrecerle a Dios una ofrenda que no me cueste nada", es su argumento. En realidad, eso no sería una ofrenda.

Es interesante y sumamente importante que entendamos, que la ofrenda que Dios acepta no tiene relación con la cantidad, sino con el corazón de quién la ofrece. Los ceros detrás del número no impresionan al Dueño del universo; pero, por otro lado, ofrecer al Señor algo que para ti no tiene ningún valor, tampoco puede ser considerado una ofrenda correcta. El ofrecimiento de Arauna era natural; la respuesta de David fue sabia. A la hora de presentar tu ofrenda a Dios –y eso debería ocurrir en cada momento de adoración en que participes, deberías entender que la ofrenda es sacrificio y es entrega; que una ofrenda es colocar en el altar, obedeciendo la orden divina, algo que tenga algún valor para ti.

En el plan de Dios estaba que yo, en vez de dar mi dinero, esfuerzo, tiempo y juventud al enemigo, lo diera en calidad de ofrenda a mi Rey Salvador.

A veces escucho quejas de personas que no se convierten porque no creen en eso de diezmar, que no le van a dar su dinero a nadie, a ningún hombre, mas olvidan quienes así piensan, que ellos están dando más que diezmos al mismo diablo, porque malgastan su dinero, salud y tiempo envueltos en los vicios de drogas, alcohol, prostitución, juegos de azar, etc.

¿PARA QUÉ TANTO DINERO?

Hay quienes dicen: "poderoso caballero es don Dinero." Este refrán tiene algo de cierto. El dinero permite adquirir comida y ropa; con él pagamos el alquiler o compramos una casa. "El papel del dinero en la sociedad es muy importante —escribió el director de un periódico financiero—. Si desapareciera como medio para conseguir bienes, la gente entraría en pánico y por todas partes se desatarían guerras en cuestión de días."

Pero el dinero tiene sus limitaciones. El poeta noruego Arne Garborg escribió: "Puedes comprar comida, pero no el apetito; puedes comprar medicinas, pero no la salud; camas cómodas, pero no el sueño; libros, pero no la inteligencia; diversión, pero no el placer; conocidos, pero no la verdadera amistad; sirvientes, pero no la fidelidad, puedes comprar días tranquilos, pero no puedes comprar la paz".

Cuando una persona tiene una opinión realista del dinero, es decir, lo ve como un medio para alcanzar un fin, y no como un fin en sí mismo, puede sentirse satisfecho. La

Biblia advierte: "El amor al dinero es raíz de toda clase de males; y hay quienes, por codicia, se han desviado de la fe y se han causado terribles sufrimientos" (1 Timoteo 6:10, Dios Habla Hoy.

Tener un punto de vista distorsionado del dinero contribuye a los prejuicios. Por ejemplo, una persona rica quizás piense que los pobres son perezosos. O una persona pobre pudiera pensar que los ricos son unos materialistas que solo piensan en el dinero.

Jesús en una ocasión dijo a alguien: Al salir él para seguir su camino, vino uno corriendo, e hincando la rodilla delante de él, le preguntó: Maestro bueno, ¿qué haré para heredar la vida eterna?

Jesús le dijo: ¿Por qué me llamas bueno? Ninguno hay bueno, sino sólo uno, Dios. Los mandamientos sabes: No adulteres. No mates. No hurtes. No digas falso testimonio. No defraudes. Honra a tu padre y a tu madre.

El entonces, respondiendo, le dijo: Maestro, todo esto lo he guardado desde mi juventud.

Entonces Jesús, mirándole, le amó, y le dijo: Una cosa te falta: anda, vende todo lo que tienes, y dalo a los pobres, y tendrás tesoro en el cielo; y ven, sígueme, tomando tu cruz.

Pero él, afligido por esta palabra, se fue triste, porque tenía muchas posesiones. Entonces Jesús, mirando alrededor, dijo a sus discípulos: ¡Cuán difícilmente entrarán en el reino de Dios los que tienen riquezas! Marcos 10:17-23.

Este hombre "bueno", hombre "justo" -un hombre impulsado por el Espíritu Santo para ir más lejos, más cerca de Jesús- ¿se desanima? Hay que considerar que clase de justicia practicamos, si antes tales Palabras de Jesús, vemos que éste personaje frunció el ceño y se marchó triste. Y Jesús, mirando alrededor, dijo a sus discípulos: ¡qué difícil es para quienes poseen riquezas entrar en el reino de Dios! (…) Todos deberíamos hacer un examen de conciencia sobre cuáles son nuestras riquezas que nos impiden acercarnos a Jesús en el camino de la vida. La cultura del bienestar, que nos hace poco valerosos, flojos y también egoístas, hay que entender que a veces el bienestar nos anestesia y nos hace seres indolentes.

Un indolente es aquel que no se conmueve o afecta por lo que ve. En otras palabras, no es como Jesús, quien era altamente compasivo y se dolía por todo lo que veía, tenía siempre compasión de la gente:

> Y viendo las multitudes, tuvo compasión de ellas, porque estaban angustiadas y abatidas como ovejas que no tienen pastor. Mateo 9:36.

> Al verla, el Señor tuvo compasión de ella, y le dijo: No llores. Lucas 7:13.

> Entonces Jesús, llamando junto a sí a sus discípulos, {les} dijo: Tengo compasión de la multitud, porque hace ya tres días que están conmigo y no tienen qué comer; y no quiero despedirlos sin comer, no sea que desfallezcan en el camino. Mateo 15:32.

> Y al desembarcar, vio una gran multitud, y tuvo compasión de ellos y sanó a sus enfermos. Mateo 14:14.

> Porque no tenemos un sumo sacerdote que no pueda compadecerse de nuestras flaquezas, sino uno que ha sido tentado en todo como {nosotros}, {pero} sin pecado. Hebreos 4:15.

Y es que lo profético de Él decía: En todas sus angustias Él fue afligido, y el ángel de su presencia los salvó; en su amor y en su compasión los redimió, los levantó y los sostuvo todos los días de antaño. Isaías 63:9.

Y lo más poderoso aquí es que Él quiere que le imitemos: El que dice que permanece en él, debe andar como él anduvo. 1 Juan 2:6.

OFRENDAR ES IMPORTANTE:

1) Porque Jesucristo enseñó que es mejor dar que recibir (Hechos 20:35)

2) Porque nos ayuda a morir a nuestra carne

3) Porque Dios multiplica lo que ponemos en sus manos, tal como lo hizo con los panes y los peces (Marcos 6:38.44)

4) Porque nuestros bienes y los primeros frutos de nuestro trabajo podemos honrar a Dios (Proverbios 3:9)

5) Porque amamos Su reino

6) Porque es el mejor lugar donde podemos invertir lo que tenemos

7) Porque entendemos que todo lo que tenemos le pertenece a Él

8) Porque no queremos robarle a Dios (Malaquías 3:8)

9) Porque amamos a Dios más que a cualquier tesoro en esta tierra

10) Porque Él es digno de que traigamos nuestros objetos de valor ante su trono (Apocalipsis 4:10)

Para algunos, es difícil compartir el tema de los principios de diezmar y ofrendar. Pero este tema es muy necesario para el desarrollo espiritual, emocional y financiero del creyente. Debemos diezmar y ofrendar sabiendo por qué lo hacemos, y las cosas que debemos esperar que ocurran en nuestras vidas.

Diezmar y ofrendar son actos de adoración a Dios, en los que ocurren grandes cosas. Al cumplir con estos principios, revelas tu corazón, y te pones en posición para recibir las bendiciones correspondientes a tu obediencia en estas áreas.

David tuvo esto en muy alta estima. De hecho, para la edificación del templo de Dios, hizo esto:

> Yo con todas mis fuerzas he preparado para la casa de mi Dios, oro para las cosas de oro, plata para las cosas de plata, bronce para las de bronce, hierro para las de hierro, y madera para las de madera; y piedras de ónice, piedras preciosas, piedras negras, piedras de diversos colores, y toda clase de piedras preciosas, y piedras de mármol en abundancia.
>
> Además de esto, por cuanto tengo mi afecto en la casa de mi Dios, yo guardo en mi tesoro particular oro y plata que, además de todas las cosas que he preparado para la casa del santuario, he dado para la casa de mi Dios: tres mil talentos de oro, de oro de Ofir, y siete mil talentos de plata refinada para cubrir las paredes de las casas; oro, pues, para las cosas de oro, y plata para las cosas de plata, y para toda la obra de las manos de los artífices. ¿Y quién quiere hacer hoy ofrenda voluntaria a Jehová? 1 Crónicas 29:2-5.

Siéntase contento con lo que usted tiene

La persona que está contenta con lo que tiene se preocupa también por el dinero, pero sabe que no debe preocuparse en exceso. Por ejemplo, no se agobiará si surgen problemas económicos. Más bien, tratará de tener la actitud que tuvo el apóstol Pablo:

> "Yo sé cómo vivir en pobreza o en abundancia. Conozco el secreto de estar feliz en todos los momentos y circunstancias: Pasando hambre o estando satisfecho; teniendo mucho o teniendo poco" (Filipenses 4:12, PDT).

Así estoy viviendo yo la vida, estoy contento y agradecido de Dios por lo que tengo, y como David quiero pagar mis votos a Dios, por eso soy un ofrendante, quiero cada día ser un hombre compasivo, así como lo fue Jesús, ese es el plan de Dios para nosotros, que no demos al diablo ni al mundo nuestra fuerza y todo aquello que de Dios hemos recibido.

LA SIMPLICIDAD DE LA CRUZ

Pienso en este camino, como si fuera en un abrir y cerrar de mis ojos, desesperadamente me aferré a un mar de mentiras, pensé que eso era la verdad de mi vida, nunca pensé mirarme en el espejo, y solo llorar, porque sabía que Dios tenía un camino preparado para mi, era obvio que yo estaba en sus planes gloriosos, vi una tierra siendo plantada por manos divinas, cuando abrí mis ojos, me di cuenta que mi vida estaba a punto de cambiar.

Mi mirada elevada a la Cruz me impactó, pero no entendía su Sacrificio, poco a poco su Palabra comenzó a moldear mi Corazón y mi carácter, todo el dolor y sufrimiento lo tomó en sus manos; y me llenó de su amor para poder servirle, hoy vivo y tengo una vida llena de su gracia, puedo decir acerca de su amor que es extraordinariamente grande, considerando de donde me sacó:

> Porque Cristo, cuando aún éramos débiles, a su tiempo murió por los impíos. Ciertamente, apenas morirá alguno por un justo; con todo, pudiera ser que alguno osara morir por el bueno. Mas Dios muestra su amor para con nosotros, en que siendo aún pecadores, Cristo murió por nosotros. Romanos 5:6-8.

La prueba de Su amor está en el regalo... ¡En lo que nos ha dado! Juan 3:16 dice, Porque de tal manera amó Dios al mundo, que ha dado a su Hijo unigénito, para que todo aquel, que en él cree, no se pierda, sino que tenga vida eterna.

También otras Escrituras nos dicen que:

> Cristo amó a la iglesia, y se entregó a sí mismo por ella. Efesios 5:25 dice

> Él me amó y se entregó A SÍ MISMO por mí. Gálatas 2:20.

Ya sea si la Biblia habla del amor de Dios por el mundo, o por la iglesia, o por ti, o por mí, la medida y manifestación de aquel amor es siempre el mismo. El regalo de Cristo es siempre la prueba del amor de Dios. Pablo nos muestra que el amor de Dios es incondicional. Usted leyó lo que dice en Romanos, que cuando aun eramos débiles, Cristo murió por los pecadores. Este pasaje nos recuerda que somos débiles, indefensos, incapaces de salvarnos nosotros mismos.

Pero en el tiempo predeterminado, nuestro Señor Jesucristo visitó nuestro planeta y murió por la humanidad y él no murió por la gente buena, como algunos suponen, sino por la gente mala. Por eso es necesario que muramos a la vieja criatura; y nos levantemos siendo nuevos hombres y mujeres que vivamos sujetos a su plan divino.

El bautizo es morir y volver a nacer, mas cuando leemos el suceso de Juan el bautista, vemos que se le oponía, diciendo: Yo necesito ser bautizado por ti, ¿y tú vienes a mí? Pero Jesús le respondió:

> Deja ahora, porque así conviene que cumplamos toda justicia. Entonces le dejó. Y Jesús, después que fue bautizado, subió luego del agua; y he aquí los cielos le fueron abiertos, y vio al Espíritu de Dios que descendía como paloma, y venía sobre él. Y hubo una voz de los cielos, que decía: Éste es mi Hijo amado, en quien tengo complacencia. S. Mateo 3:14-17.

Mi pregunta es ¿cómo transmito estas palabras a su pueblo? especialmente cuando se nota que ataduras sobre ellos saltan la atmósfera... Cada palabra tiene un énfasis en cada etapa de tu vida, esfuérzate cuando lleguen los momentos duros, donde tienes que caminar por fe solamente, viendo lo que te espera.

Tener valentía cuando más te ataquen los dardos del enemigo, nada está bien en tu vida, tienes un desbalance espiritual donde el pasado se mezcla con tu presente, me explico mejor. Para ver tu futuro, tienes que dejar tu pasado. No Desmayes en medio de la tormenta, los discípulos estaban en la barca, y de repente, se levantaron unos vientos que lo hicieron titubear a ellos, mira la relación de una prueba, el rugir de un viento temporario, pero sin fe tú no puedes tomar la posición dada en el Edén por Dios al hombre, y ordenarle al viento que se calme.

Así que, mira el poder de la Cruz, en ella se encierra algo extraordinario, porque allí fueron clavados tus pecados y los míos, allí se exhibió la derrota pública del diablo y todas las huestes de maldad:

Sepultados con Él en el bautismo, en el cual fuisteis también resucitados con Él, mediante la fe en el poder de Dios que le levantó de los muertos.

Y a vosotros, estando muertos en pecados y en la incircuncisión de vuestra carne, os dio vida juntamente con él, perdonándoos todos los pecados, anulando el acta de los decretos que había contra nosotros, que nos era contraria, quitándola de en medio y clavándola en la cruz, y despojando a los principados y a las potestades, los exhibió públicamente, triunfando sobre ellos en la cruz. Colosenses 2:12-15.

El mundo está atormentado por demonios, por las enfermedades y la muerte, y está salpicado de tumbas, hospitales, prisiones, e instituciones mentales. A ciencia ciertas, este mundo está arruinado por la vileza y la suciedad, la miseria y el odio, la guerra y el hambre, las plagas y pestilencia, la muerte y la corrupción... Y son todas estas desgracias y calamidades productos del pecado. El hombre es uña y carne con el pecado, cuando Dios mandó a su Hijo para que fuera su salvador, los hombres lo escupieron en la cara, lo abofetearon, marcaron su espalda con azotes. Lo desnudaron y le pusieron una corona de espinas. Se burlaron de él en su angustia y dolor. Y, a pesar de todo eso, colosenses 1:20 dice que, Dios hizo la paz mediante la sangre de su cruz. Esta es una de las declaraciones más increíbles de la Palabra de Dios, y la gente no entiende esta simplicidad.

La entrega de Jesús en la Cruz

Nosotros entenderíamos si dijera que Dios había hecho la guerra sobre su preciosa sangre derramada... ¡Y por esa malvada cruz! ¡Pero no! leemos, en vez, que Él hizo la paz por medio de esa misma sangre. ¡El amor de Dios es incomparable!

Nuestra expiación está basada completamente en la obra de un solo Hombre, en cierta época, en un evento, cuando Jesucristo murió hace dos mil años en el calvario. Un hombre, en cierta época, en un evento, ¡Pagó el precio que nosotros no podíamos pagar! ¡Lo pagó completamente! (...) Usted y yo solo debemos obedecer, amarlo y someternos a su plan perfecto.

A pesar de que sabemos esto teóricamente, cuando realmente lo entendemos, podemos gozar de nuestra relación con el Padre, ¡Y celebrar nuestra salvación! Mirando la cruz de la manera correcta, hay algunos, que, en este momento, puede ser que digan: ¿Puede un solo evento realmente tener repercusiones dos mil años después para toda la humanidad? ¡Claro que si! El sacrificio en aquella cruz fue de una vez para siempre, de una vez por todas.

Jesucristo es la propiciación o sacrificio expiatorio de nuestros pecados (1 Juan 2:2). Sin el sacrifico de Jesucristo, no tendríamos perdón. Pero, ¿por qué un hombre tuvo que dar su vida para que nosotros fuéramos perdonados? Bueno, esto lo contesta el autor de los Hebreos:

> Así que, por cuanto los hijos participaron de carne y sangre, él también participó de lo mismo, para destruir por medio de la muerte al que tenía el imperio de la muerte, esto es, al diablo, y librar a todos los que por el temor de la muerte estaban durante toda la vida sujetos a servidumbre. Hebreos 2:14-15.

Su cruz nos muestra su grande amor, para que amemos como él amó. El amor de Dios reflejado en la cruz de Jesús. Eso lo articulamos en nuestro sub tema. La entrega de Jesús en la cruz.

¿Qué significa todo esto? Como está articulado en las Escrituras lo voy a separar detalladamente de manera más abierta para comprender un poco este gran misterio... Cuando yo me acerco a la cruz de Jesús ¿Qué contemplo? Nada más y nada menos que El Amor de Dios, es decir, que no hay mayor amor que aquel que entrega la vida por sus amigos, Jesús llama a los discípulos sus amigos, es decir, que Jesús le ha dado el verdadero sentido al amor.

Para nosotros a veces el amor suele ser las agarraditas de manos, los regalitos, o si no miren las novelas, ese es el amor reflejado y proyectado del mundo, y algunos dicen: Yo te amo mucho, y le dicen: muéstreme entonces la billetera, ese es para muchos el cariño verdadero. Entonces, Jesús le da un verdadero sentido al amor, en esta visible y notoria escasez de amor, en esta mezquindad de amor, es allí cuando más debemos mirar la simplicidad de la Cruz de Cristo.

Amar según Jesús, desde la cruz de Jesús, es entregar la vida por aquel que se ama, no hay mayor amor que aquel que da la vida por sus amigos; y Jesús entrega su vida por nosotros. Recuerde el texto que nos dice que, tanto amó Dios al mundo, que envió a su hijo a salvarlo, es decir, ahí contemplamos el amor de Dios ¿Qué significaría entonces? que digamos: ¿yo soy cristiano y amo cristianamente? Pues, amar cristianamente es amar con el amor que Dios nos dio en el corazón, con el amor profundamente humano.

Porque dentro de ustedes y dentro de mí, late el amor de Dios, no importa lo malo que usted antes haya sido, las huellas que haya dejado, recuerde que Dios es poderoso en borrar todo aquello que antes hicimos:

> Yo deshice como una nube tus rebeliones, y como niebla tus pecados; vuélvete a mí, porque yo te redimí. Isaías 44:22.

Pero, debemos darle un verdadero y profundo sentido a ese amor, que consta en entregar la existencia por el otro, ¿Para qué? Bueno, yo contemplo la luz de Jesús y contemplo allí la luz de la salvación. Es decir, que el Señor nos amó y nos envió a su hijo, para que ustedes y yo nos pudiésemos salvar, eso dice el texto: "Para que todo el que crea en Él tenga vida eterna y nadie perezca" cuando digo que el Señor me ama, estoy diciendo que el Señor se entregó por mí, para que yo, descubriendo el camino que me lleva a la salvación, emprenda ese camino y me salve.

Ahora debo mirar la cruz de Cristo y ver que mis pecados estuvieron allí clavados, eso me llevará a vivir una vida muy agradecido de Dios por su infinita misericordia, ya que no tenía con qué, ni la manera de pagar por mis culpas, por eso y mucho más de lo que Dios ha hecho en mi, ¡qué suba como olor grato delante de Dios mi vida!, la cual ofrendo con amor a ese estupendo y maravilloso ser que me perdonó.

Capítulo 6

EL OLOR DE TU OFRENDA

Creo que muchos hemos estado en lugares encerrados y donde hay mucha gente, como por ejemplo, un transporte público, un concierto, y lugares por el estilo, y sucede que, como que de repente, nos llegan ciertos aromas poco gratos o agradables. Si usted puede distinguir los olores, y le desagradan esos que son repugnantes ¿Cuánto más a Dios? pues si usted tiene nariz, es porque Él también olfatea. Recuerde que usted y yo fuimos hechos a su imagen y semejanza... Al señor le llegan los olores agradables, y estos olores son los de tu ofrenda de vida hecha con amor... Veamos el relato de Noé:

> Luego Noé construyó un altar en honor del Señor, tomó animales y aves puros, uno de cada clase, y los ofreció en holocausto al Señor. Cuando al Señor le llegó este olor tan agradable, dijo: «Nunca más volveré a maldecir la tierra por culpa del hombre, porque desde joven el hombre sólo piensa en hacer lo malo. Tampoco volveré a destruir a todos los animales, como lo hice esta vez. Génesis 8:20-21 DHH.

JESÚS Y EL TRIGO

> Jesús les respondió diciendo: Ha llegado la hora para que el Hijo del Hombre sea glorificado. De cierto, de cierto os digo, que, si el grano de trigo no cae en la tierra y muere, queda solo; pero si muere, lleva mucho fruto. El que ama su vida, la perderá; y el que aborrece su vida en este mundo, para vida eterna la guardará. Si alguno me sirve, sígame; y donde yo estuviere, allí también estará mi servidor. Si alguno me sirviere, mi Padre le honrará. Juan 12:23-26.

El olor agradable que a través de nuestras vidas les podemos dar a Dios, está en el proceso del trigo para dar fruto, éste comienza cuando la semilla es arrojada a la tierra, ahí comienza una combinación drástica, donde la semilla es puesta bajo presión natural, para que pueda desarrollarse y de fruto. Aquí hay varias cosas:

1. Arrojado a la tierra
2. Proceso
3. La presión natural
4. Desarrollo
5. Crecimiento
6. Fruto

Cristo compara su muerte con la semilla para dar fruto, Él entró en su proceso después que fue condenado, él pasó por una tortura bajo su cuerpo, para que él pudiese dar fruto al ser golpeado, maltratado, fue puesto bajo la presión natural del hombre, no sabiendo que el dolor dentro de su proceso, fue necesario para darnos una oportunidad de entrar al cielo. Para que nuestras vidas fueran una ofrenda agradable al Dios eterno.

Jesús tuvo que morir y resucitar para que el fruto de su sacrificio se convierta en la salvación del mundo, un olor grato delante de Dios, diría yo mucho más agradable que aquel sacrificio de Noé, del cual leímos al inicio, que subió como grato olor delante de Dios, ¡Esto si que es una gran ofrenda! (…) Dios tuvo que crear una salida para el mundo del pecado, es por medio de su sacrificio, que el hombre puede entrar al cielo. Cuando mueres por primera vez, por medio de bautizo, el viejo hombre muere y nace de nuevo caminando como olor grato delante de la presencia de Dios.

Yo quiero tener un olor fragante, que Él se pueda deleitar con mi aroma cuando me estoy acercando en oración a su presencia.

En Efesios 5:1-2 dice: "Sed, pues, imitadores de Dios como hijos amados. Y andad en amor, como también Cristo nos amó, y se entregó a sí mismo por nosotros, ofrenda y sacrificio a Dios en olor fragante"

¿Quién no quiere oler rico cuando nos acercamos a alguien, o cuando estamos frente a alguien que nos interesa o cuando asistimos a algún lugar importante? (...) Creo que todos deseamos eso.

Imagínense que su ser pueda despedir un aroma rico para Dios, donde si se bañó o no ese día, sea lo de menos, o que, si usted lo primero que ha hecho en el día ha sido postrarse de rodillas para darle un gran buenos días a nuestro Señor, agradeciéndole su rica noche de descanso, ¿Sabes una cosa? ¡Qué usted huele rico para Dios!, porque se ha guardado en esa única cosa esencial que el Señor nos pide como requisito básico, y esa cosa es la SANTIDAD, tenga por seguro entonces, que usted le da un aroma delicioso a Dios. Esto es una ofrenda que sube ante su presencia sin estorbo, estar en santidad nos hace destilar un olor agradable para nuestro amado Padre Celestial.

¡CUIDADO CON LAS OBRAS DE LA CARNE!

Las moscas muertas hacen que el ungüento del perfumista dé mal olor; Un poco de insensatez pesa más que la sabiduría y el honor. Eclesiastés 10:1 NBLH.

Hermanos, es básico, diría yo que imperante, que guardemos nuestro lugar de manera santa, limpia, delante de Dios... Que nuestros cuerpos, nuestra mente y corazón los tengamos resguardados conforme a la Palabra del Señor, pues las obras de la carne son estas moscas contaminantes que depositan microbios, contamina y termina echando a perder las cosas donde se ha parado.

Pero ¿Cuáles son esas obras de la carne? Bueno, veamos que nos dice el libro de los Gálatas:

> Y manifiestas son las obras de la carne, que son: adulterio, fornicación, inmundicia, lascivia, idolatría, hechicerías, enemistades, pleitos, celos, iras, contiendas, disensiones, herejías, envidias, homicidios, borracheras, orgías, y cosas semejantes a estas; acerca de las cuales os amonesto, como ya os lo he dicho antes, que los que practican tales cosas no heredarán el reino de Dios". Gálatas 5:19-21.

Cuando usted o yo no hemos tenido la precaución de tener bien cerradita cualquier puerta o ventana de nuestra alma, definitivamente algo pasará tarde o temprano. Entrarán moscas que lo dañarán todo, para contaminarnos definitivamente, con poco es suficiente; y si no tenemos la sensatez de acercarnos a Dios para encontrar su arrepentimiento y guía, le garantizo que usted solo no podrá. De hecho, la Palabra nos manda a cazar esas zorras pequeñas que lo echan a perder todo:

> Cazadnos las zorras, las zorras pequeñas que arruinan las viñas, pues nuestras viñas están en flor. Cantares 2:15.

Esto se trata de detener a los pequeños pensamientos, antes de que se conviertan en grandes problemas, pues lo cierto es que, cada acción comienza con un pensamiento. La pregunta es qué hacemos con este; cómo lidiamos con este. Al igual que las zorras y moscas inocentes que se cuelan y minan los viñedos, los pensamientos y reacciones pueden aparecer de repente, de la nada; y tratar de arruinar nuestros corazones y mentes, para que así no olamos rico para Dios. Ya que podemos llenarnos de envidia, amargura, enojo, avaricia, y tantas cosas más. Pensamientos como estos nos llegan naturalmente, pero la verdad es que son malvados, son pecados. (Gálatas 5: 19-21) La clave es estar despierto y atraparlos tan pronto como entren en nuestra conciencia.

Le aconsejo que sea sabio en toda su manera de ser, camine con cordura y madurez, los tiempos que vivimos no son para darnos el lujo de estar cayendo y cayendo, de estar fallándole a nuestro Dios, la Escritura nos dice que: "el principio de esta sabiduría es el temor a Jehová" Proverbios 1:6-7 y también nos dice que: "los insensatos la desprecian".

Y cuando tenemos el llamado, la prevención constante contra tales cosas; y aun así las practicamos, entonces despreciamos la enseñanza de Dios. Es allí cuando empezamos a oler desagradablemente delante de Él.

El Origen Del Arte De Perfumería

La palabra "perfume" usada hoy se deriva de latín "per fume" que significa "por humo", o a través de humo. La perfumería, o el arte de hacer perfumes comenzó en la antigua Mesopotamia y en Egipto, pero fue desarrollado y refinado por los Romanos y los árabes. Aunque el perfume y la perfumería también existían en el Asia Oriental, muchas de las fragancias son basadas en incienso. El arte de crear perfumes fue extendiéndose hasta España y el continente europeo cerca del siglo catorce por medio del comercio árabe.

> Ya usted entenderá porque David decía: Suba mi oración delante de ti como el incienso, El don de mis manos como la ofrenda de la tarde. Salmos 141:2.

El perfumista es con eficacia un artista que es profundamente entrenado en los conceptos de la estética de la fragancia, y que es capaz de transportar conceptos y humores abstractos con sus composiciones de la fragancia. Al nivel más rudimentario, un perfumista debe tener un conocimiento afilado de una variedad grande de ingredientes de la fragancia y de sus olores, y puede distinguir cada uno de los ingredientes de la fragancia individualmente o conjuntamente con otras fragancias. También, deben saber cada ingrediente se revela con tiempo con otros ingredientes. Pero: Las moscas muertas hacen heder y dar mal olor al perfume del perfumista; así una pequeña locura, al que es estimado como sabio y honorable. Eclesiastés 10:1.

Es asombroso como algo tan pequeño como una mosca muerta puede arruinar todo un frasco de un costoso perfume. Así mismo es igual de asombroso que un acto de simpleza o egoísmo puede arruinar una relación. Tú tienes una relación con Dios que debes cuidar, y esa relación crece y se fortalece a través de una vida de oración y de adoración.

Tu adoración; es ese perfume de olor grato, que sube a la presencia de Dios, y cuando permites que tus moscas que en este caso representan los (problemas) se posen sobre tu perfume, ellas dañarán el aroma que para Dios habías creado, así que, no dejes que tus problemas dañen tu adoración, adora a Dios por aquello que Él representa para tu vida, y por lo que El es para ti. No solo por lo que te puede dar.

Muchas personas buscan a Dios, pero el adorador es el tipo de persona que Dios busca, y un adorador en espíritu y en verdad, no es un adorador que lo alaba cuando todo está bien, sino que es un adorador que honra a Dios en cada momento y con cada área de su vida, por eso sube a su presencia un olor grato, una ofrenda agradable.

No esperes a que Él venga hoy a tu encuentro, tu perfume debe venderse; y el mejor comprador está en tu tienda para probar la calidad del aroma que tu perfume le ofrece, asegúrate que no tenga moscas ni cualquier otra inmundicia que lo haga heder. Ofrécele hoy tu mejor perfume. Si es posible, ofrécele tu tienda entera

Llegó la hora de atrapar esas moscas, para que no dañen nuestro perfume que estamos preparando, para que suba a Dios como olor grato, como olor fragante... ¡Qué suba lo que hagamos a Dios como el incienso, o sea, como olor fragante!

UN PESCADOR ESCUCHA SU VOZ

Veamos esta hermosa historia que nos narra el libro de Lucas capitulo 5: Y entrando en una de aquellas barcas, la cual era de Simón, le rogó que la apartase de tierra un poco; y sentándose, enseñaba desde la barca a la multitud (¿Por qué entró en la barca de Simón?) Cuando terminó de hablar, dijo a Simón: Boga mar adentro, y echad vuestras redes para pescar (Busca la profundidad de Dios) Respondiendo Simón, le dijo: Maestro, toda la noche hemos estado trabajando, y nada hemos pescado.

Tus Oraciones son Escuchadas, en el Tiempo de Dios: mas en tu palabra echaré la red... Obediencia a su palabra: Y habiéndolo hecho, encerraron gran cantidad de peces, y su red se rompía. Viendo esto Simón Pedro, cayó de rodillas ante Jesús, diciendo: Apártate de mí, Señor, porque soy hombre pecador. (Ríndete ante su Trono).

No te juzgues, Jesús dio su vida por ti... Mas él se apartaba a lugares desiertos, y oraba, ¿por quien tú crees que él oraba? Simplemente por ti y por mi para que nuestra fe nunca falte.

Un esfuerzo humano nada productivo

¿Cuánto tiempo has estado tratando de conseguir las cosas y nada? Estás como esos pescadores, que por toda una larga noche se esforzaban por conseguir lo que sería para su sustento, pero por más que lo intentaban, sacaban las redes vacías. Un esfuerzo humano nada productivo, eso era un afán y ansiedad que no le producía ningún beneficio, hasta que el llamado de Dios sobre ellos llegó:

Por tanto, os digo: No os afanéis por vuestra vida, qué habéis de comer o qué habéis de beber; ni por vuestro cuerpo, qué habéis de vestir. ¿No es la vida más que el alimento, y el cuerpo más que el vestido?

Mirad las aves del cielo, que no siembran, ni siegan, ni recogen en graneros; y vuestro Padre celestial las alimenta. ¿No valéis vosotros mucho más que ellas? ¿Y quién de vosotros podrá, por mucho que se afane, añadir a su estatura un codo? Y por el vestido, ¿por qué os afanáis? Considerad los lirios del campo, cómo crecen: no trabajan ni hilan; pero os digo, que ni aun Salomón con toda su gloria se vistió, así como uno de ellos.

> Y si la hierba del campo que hoy es, y mañana se echa en el horno, Dios la viste así, ¿no hará mucho más a vosotros, hombres de poca fe? No os afanéis, pues, diciendo: ¿Qué comeremos, o qué beberemos, o qué vestiremos? Porque los gentiles buscan todas estas cosas; pero vuestro Padre celestial sabe que tenéis necesidad de todas estas cosas. Mas buscad primeramente el reino de Dios y su justicia, y todas estas cosas os serán añadidas. Mateo 6: 25-33.

El asunto es que, por ellos llegar y recibir el reino de Dios en sus vidas, todas las demás cosas les llegaban enseguida: Respondiendo Simón, le dijo:

> Maestro, toda la noche hemos estado trabajando, y nada hemos pescado; mas en tu palabra echaré la red. Y habiéndolo hecho, encerraron gran cantidad de peces, y su red se rompía. Lucas 5:5-6.

Las multitudes venían a las orillas del lago de Genesaret a escuchar a Jesús, quien le trazaba la Palabra de Dios. Aquí también hay dos botes que venían del trabajo. El Señor se subió a uno de ellos, el bote de Simón el pescador, y a la vez hombre pecador; y le ROGÓ que se apartase de tierra un poco... Preste atención: "Le rogó". No le dio una orden. No se saltó el derecho de Pedro de hacer lo que él quería con su bote.

El hijo de Dios, aquel al que el Padre había entregado todas las cosas (Lucas 10:22), aquel a quien a Su orden se sometía el aire, el mar y la naturaleza, le ROGÓ a Simón. Esa es la ternura del Señor. "Simón, ¿Podrías por favor apartar tu bote un poco de tierra?" Simón lo hizo y el Señor empezó a enseñar a las multitudes. Luego leemos:

> Y habiéndolo hecho, encerraron gran cantidad de peces, y su red se rompía. Entonces hicieron señas a los compañeros que estaban en la otra barca, para que viniesen a ayudarles; y vinieron, y llenaron ambas barcas, de tal manera que se hundían."

"Y llenaron ambas barcas" El llamado que Dios te hace es tan grande, que lo que te dará a ti será para que bendigas a otros, para que llenes otras barcas con lo que Dios te da, esto habla de abundancia, cumpliendo en ti lo que dijo a Abram:

> Pero Jehová había dicho a Abram: Vete de tu tierra y de tu parentela, y de la casa de tu padre, a la tierra que te mostraré. Y haré de ti una nación grande, y te bendeciré, y engrandeceré tu nombre, y serás bendición. Génesis 12:1-2.

Yo le llamo a esto: Bendecidos para bendecir... Fue lo que vimos que hicieron estos pescadores, en su barca no cabía la tanta bendición, tuvieron que llamar a los que estaban en la otra barca.

Dios quiere que compartamos de lo que nos ha dado, tanto de lo espiritual, como así lo material. Con esos que al igual que como estuvimos nosotros trabajan y trabajan, pero que todavía no han encontrado nada de nada.

En lo que a ellos se refiere, a los pescadores de esta

historia, no era que no habían trabajado duro. Diría yo, según la interpretación del relato que lo intentaron muy duro… Dice que lo hicieron toda la noche… Pero no pescaron nada. Es lo que algunas veces nos pasa a nosotros también. Ponemos mucho énfasis y esfuerzo en algo y aún así, a pesar de nuestro mucho esfuerzo, nuestras redes siguen vacías. Decimos: "voy a seguir esta o tal estrategia para obtenerlo". Hacemos planes, pensamos, pero nuestras redes siguen vacías.

Yo viví afanado en mi mundo, y mientras más me afanaba, mis redes seguían vacías, porque con el desorden de vida que llevaba, lo que conseguía, se me volvía nada, sal y agua que pronto se desvanece.

Y aquí está Jesús. Él sabía muy bien sus necesidades. El podía ver muy bien la frustración en sus ojos. Podía sentir su agonía sobre qué iban a poner en la mesa de sus seres queridos aquel día… También puede ver la tristeza en tus ojos al sacar las redes vacías. Pero hoy te digo: "Boga mar adentro, y echen sus redes para pescar" (…) Dios te está haciendo un llamado, tal como se lo hizo a esos pescadores, como me lo hizo a mi.

Él viene a tu vida justamente cuando sacas las redes vacías… "amigo, ve mar adentro, y tíralas de nuevo… Sé que están vacías". "Pero Señor, hemos tratado toda la noche" Pedro dijo, o nosotros diríamos "Pero Señor, he tratado tantas veces; y siempre las saco vacías". Pero, Pedro no se detuvo ahí: "pero en tu Palabra, echaré la red". Puede que veas las redes con tristeza y te preguntes: Por qué siguen vacías. Simón y los otros pescadores tal vez pensaron lo mismo: "A lo mejor el aire" "O tal vez la luna" "Tal vez alguien fue más rápido que nosotros" "Tal vez no somos tan buenos pescadores". Muchos "probablemente" y "tal vez", los cuales, sin embargo, no importan cuando el Señor dice: "échalas de nuevo". "No es del que quiere ni del que corre, sino del que Él tiene misericordia" (Romanos 9:16) dice la palabra. Y otra vez:

> "Si Jehová no edificare la casa, En vano trabajan los que la edifican; Si Jehová no guardare la ciudad, En vano vela la guardia. Por demás es que os levantéis de madrugada y vayáis tarde a reposar y qué comáis el pan de dolores; pues a su amado dará Dios el sueño". Salmos 127:1-3.

Cuando entras a vivir en comunión con Dios, tu vida toma otro giro, otro horizonte. Todo depende de que hagamos caso al llamado que nos hace:

> Viendo esto Simón Pedro, cayó de rodillas ante Jesús, diciendo: Apártate de mí, Señor, porque soy hombre pecador.

> Porque por la pesca que habían hecho, el temor se había apoderado de él, y de todos los que estaban con él, y asimismo de Jacobo y Juan, hijos de Zebedeo, que eran compañeros de Simón. Pero Jesús dijo a Simón: No temas; desde ahora serás pescador de hombres. Y cuando trajeron a tierra las barcas, dejándolo todo, le siguieron. Lucas 5:8-11.

Pedro fue ese pescador que reconoció que era pecador y escuchó su voz, fue tan impactado, que dejándolo todo por lo que se había afanado, le siguió. El entendía que, si el que lo llamaba fue capaz de hacer esa tan gloriosa hazaña ¿Qué otra cosa podía hacer? No tuvieron duda ni temor, les siguieron.

"Amados, ahora somos hijos de Dios" dice 1 Juan 3:2. Ahora ¡tú eres hijo de Dios! Puede que hayas tocado muchas puertas. Puede que hayas orado mucho por eso. No pierdas el ánimo. Para el tiempo en que Pedro y los otros estaban lavando las redes vacías, el Señor estaba en su bote, justo a su lado. Vino sin que lo invitaran. Vino en el momento en que más lo necesitaban. "Boguen mar adentro amigos y tírenlas ahí". Y tuvieron suficiente coraje para hacerlo de nuevo.

Si te caíste, vuélvete a levantar, si te apartaste del redil, vuelve que Dios te espera con los brazos abiertos. Vuelve a intentarlo, te he venido hablando que a mi no me fue fácil establecerme en este camino, pero este era su plan, un plan perfecto y maravillo, hoy Él ve los frutos en mi y está satisfecho, porque, aunque no soy perfecto, mas he decidido servirle bajo cualquier circunstancia que se avecine.

> Verá el fruto de la aflicción de su alma, y quedará satisfecho; por su conocimiento justificará mi siervo justo a muchos, y llevará las iniquidades de ellos. Isaías 53:11.

Yo soy el fruto de su aflicción, tú también lo eres, vamos, qué esperas, levántate, ven pronto a los pies de Jesús, tu salvador, tu redentor. Creo que hoy tú puedes decir:

> Tú, enemiga mía, no te alegres de mí, porque, aunque caí, me levantaré; aunque more en tinieblas, Jehová será mi luz. Miqueas 7:8.

La comunión entre el Hijo y el Padre

Respondiendo Jesús, les dijo: Los que están sanos no tienen necesidad de médico, sino los enfermos. Jesús vino para dar vida, sanidad y restauración a un mundo perdido. Fue él mismo quien dijo: No he venido a llamar a justos, sino a pecadores al arrepentimiento... Tú y yo somos esos pecadores que como Pedro debemos oír su voz.

Cuando vienes a los pies del Señor, tienes que pasar por un proceso de purificación, donde él limpia todo lo de adentro, que tiene que ser cortado antes de que Dios pueda depositar la unción (Espíritu Santo). Pero recuerda que:

Y nadie echa vino nuevo en odres viejos; de otra manera, el vino nuevo romperá los odres y se derramará, y los odres se perderán. Dios quiere renovarte, porque lo que Él va a depositar en ti no quiere que se pierda, no lo quiere ver derramado por ahí desperdiciado, no quiere que se desparrame:

> No deis lo santo a los perros, ni echéis vuestras perlas delante de los puercos; no sea que las pisoteen, y se vuelvan y os despedacen. Mateo 7:6.

Los perros y los cerdos aquí son representativos de los que ridiculizan, rechazan y blasfema el evangelio una vez que ha sido dado a ellos. Por lo tanto, no hemos de poner adelante el evangelio de Jesucristo a alguien cuyo propósito es pisotear y volver a sus malos caminos. Sin embargo; nosotros, como verdaderos creyentes nacidos de nuevo necesitamos identificar a esas personas a través del discernimiento, porque "el que es espiritual lo juzga todo…" (1 Corintios 2:15). Mientras que "la persona sin el Espíritu no acepta lo que procede del Espíritu de Dios, porque para él son locura; y no las puede entender, porque se han de discernir sólo a través del Espíritu." (1 Corintios 2:14)

Esto no significa que nos abstenemos de la enseñanza del Evangelio. El mismo Jesús comía con los pecadores y publicanos y los enseñaba (Mateo 9:10). La misma instrucción que Jesús da en Mateo 7:6, Él dio a Sus apóstoles cuando dijo: "Si alguien no os recibe ni oye vuestras palabras, salid de aquella casa o ciudad y sacudid el polvo de vuestros pies" (Mateo 10:14). Por lo tanto, no hay necesidad de presentar el evangelio a los que tienen actitudes negativas hacia Dios.

Cristo estaba dando instrucciones a los discípulos, a no tratar de convertir las multitudes. A menos que Dios esté abriendo la mente de alguien para la comprensión espiritual, ellos van a tratar la verdad de Dios de la misma manera que los cerdos tratarían perlas – como nada más que suciedad. Un cerdo ni podría entender o apreciar la gran belleza y el valor de las perlas. Tampoco podría una persona que no fuera llamada por Dios, comprender el gran valor de las verdades de Dios. Él, en sentido figurado, iría "pisotear la Palabra de Dios bajo sus pies." Recordemos estas palabras:

> Nadie puede venir a mí, si no lo trae el Padre, que me ha enviado; y yo lo resucitaré en el día último. Juan 6:44.

> No me elegisteis vosotros a mí, sino que yo os elegí a vosotros, y os he puesto para que vayáis y llevéis fruto, y vuestro fruto permanezca; para que todo lo que pidiereis al Padre en mi nombre, él os lo dé. Juan 15.16.

En una manera poética

Te escribo con el permiso de mi Dios, porque nada de lo que hago ahora es para mi, pero cuando abrí mi corazón a Jesús, instantáneamente todo cambió por dentro, ¿cómo te explico, para que puedas entenderme mejor?, yo fui llamado como aquel pescador que era pecador, si, como esos que estaban lavando sus redes, porque se sentían fracasados.

Te llevo de la mano a mi corazón a través de estas líneas escritas, para que veas como Dios me operó, y como me dio un corazón nuevo, desde ese momento dejé de culpar al mundo entero, y comencé a caminar con fe, a la verdad que este proceso me ha hecho llorar, y produjo que le entregara a Jesús mi vida por completo, y quiero que la de usted esté también depositada en los brazos del Señor Jesús.

Mi Señor me lo prometió, que si yo le entregaba mi vida a Él, cuidaría de cada semilla que me dio, cuando escribo, puedo verme mejor, es por eso que le escribo, esto no es una simple poesía, es solo hablando de un maravilloso Padre que no lo entendía cuando andaba en mi vida mundana, no sabía el por qué de las cosas que me sucedían, pero al paso de los días, si entendía lo que era la oración, y es por eso que, cuando oí su voz que me llamaba, solo dije: otra bendición en este año, mi mundo mejoró con Dios aquí, y si le digo que es una conexión que invade toda mi mente, así que, con estas palabras, le invito a mi corazón, hasta que mi Dios termine su trabajo por completo, que por medio de mi Él sea de bendición a muchos… Que mi vida sea de ejemplo y testimonio para todos aquellos que bien necesitan conocerle.

Mi mente se parece a burbujas que constantemente sumergen profundamente a un mar de posibilidades, se que me miras, y no entiendes mi mente, no confundas mi camino, está marcado por gotas del cielo, ahí donde mi llamado entiende mi proceso, se conocieron en medio de mis gritos, fue una voz que calmó los deseos de llorar, fue una voz que me llevó a su presencia, su Palabra que corta y penetra hasta los huesos:

> Porque la palabra de Dios es viva y eficaz, y más cortante que toda espada de dos filos; y penetra hasta partir el alma y el espíritu, las coyunturas y los tuétanos, y discierne los pensamientos y las intenciones del corazón. Hebreos 4:12.

Sus Palabras penetraron mi alma y corazón, como esos pescadores, que estuvieron afanados toda la larga noche tratando de conseguir algo… La mutilación vacía señala una luna sin cara, una exuberancia de pensamientos… Que intentan escapar una brisa al punto de un abismo, Penetrando un círculo de hermanos. El viaje tiene un corral de esclavos, Una fuerza no puede llevar el consuelo de una mano desconocida. El señor del fuego continúa luchando en las arenas del tiempo. Las puertas atraviesan las guerras, ellos y las trompetas hicieron que una ilusión se convierta en realidad.

Las paredes del deseo traen adelante a hombres con miedo en los ojos, reduciendo su cara la respiración de una libertad pasajera, aterrorizado y cansado de titanes. Una luna iluminó la trayectoria a través de un círculo del valor, las madres esperaron con los ojos cerrados en un borde al delirio, buscando a sus hijos, y entonces los susurros de la esperanza dicen: despierten los elegidos… Las cortinas cierran los rayos del sol, que repiten que alumbran sus pasos. Abriendo las puertas a la noche, conduciendo un silencio de una jordana ancha, repentinamente los pensamientos de un sueño escondido me llenan de tristeza… Solamente camino a la deriva hacia el mar buscando la salida.

Una noche densa, en un viaje de ninguna vuelta, la extensión de un clavo, palabras de un vuelo de amabilidad, El amor fue declarado por la sangre del valiente… A través de la corriente del perdón, con obsesiones desnudas trajo un momento al silencio, para la tierra que atestigua la matanza del inocente:

> Angustiado él, y afligido, no abrió su boca; como cordero fue llevado al matadero; y como oveja delante de sus trasquiladores, enmudeció, y no abrió su boca. Isaías 53:7.

Su plan se ha convertido en mi vida, hoy mi vida está en pie porque Él tenía conmigo un maravilloso plan... Deja que el plan de Dios en tu vida se desarrolle, no huyas del llamado que te está haciendo para así revelarte su extraordinario Plan, su propósito en ti... Te bendigo en el nombre poderoso de Jesús.

Impreso por:
© Publicaciones Libertad
publicacioneslibertad.rd@gmail.com
www.librería.do
Santo Domingo, República Dominicana

www.ingramcontent.com/pod-product-compliance
Ingram Content Group UK Ltd.
Pitfield, Milton Keynes, MK11 3LW, UK
UKHW022215230426
12048UKWH00016BA/866